U0836460

知识生产的原创基地
BASE FOR ORIGINAL CREATIVE CONTENT

颉腾商业
JIE TENG BUSINESS

共情

觉醒商业的管理

[美] 鲍勃 · 查普曼 拉金德拉 · 西索迪亚◎著
（Bob Chapman） （Raj Sisodia）

金沙浪◎译

EVERYBODY MATTERS

THE EXTRAORDINARY POWER OF CARING FOR YOUR PEOPLE LIKE FAMILY

中国广播影视出版社

图书在版编目（CIP）数据

共情：觉醒商业的管理 / (美) 鲍勃 · 查普曼 (Bob Chapman) , (美) 拉金德拉 · 西索迪亚 (Raj Sisodia) 著 ; 金沙浪译. -- 北京 : 中国广播影视出版社, 2022.6

ISBN 978-7-5043-8755-4

书名原文：Everybody Matters: The Extraordinary Power of Caring for Your People Like Family

Ⅰ. ①共… Ⅱ. ①鲍… ②拉… ③金… Ⅲ. ①企业管理 Ⅳ. ①F272

中国版本图书馆CIP数据核字(2022)第011532号

北京市版权局著作权合同登记号 图字：01-2022-0408 号

共情：觉醒商业的管理

[美] 鲍勃 · 查普曼 (Bob Chapman) 拉金德拉 · 西索迪亚 (Raj Sisodia) 著

金沙浪 译

策　　划 颉腾文化
责任编辑 王　萱　赵之鉴
责任校对 张　哲

出版发行 中国广播影视出版社
电　　话 010-86093580 010-86093583
社　　址 北京市西城区真武庙二条 9 号
邮　　编 100045
网　　址 www.crtp.com.cn
电子信箱 crtp8@sina.com

经　　销 全国各地新华书店
印　　刷 北京市荣盛彩色印刷有限公司

开　　本 640 毫米 ×910 毫米 1/16
字　　数 179（千）字
印　　张 15.5
版　　次 2022 年 6 月第 1 版 2022 年 6 月第 1 次印刷

书　　号 ISBN 978-7-5043-8755-4
定　　价 79.00 元

Industry Praise | 行业赞誉

如果不把人当作数字来对待，有可能经营一家成功的企业吗？不信任和不安全的企业文化能否转变为关怀与满足的企业文化？《共情：觉醒商业的管理》这本书会热情地回答这些问题："是的！"如果你准备好了一种新的经营方式，这本书适合你。

——丹尼尔·H. 平克，《全新销售》与《驱动力》的作者

很多企业家都在谈论这本书，看看当你真的这么做时会发生什么。

——西蒙·斯涅克，国际知名演说家，

2019 年全球最具影响力的 50 大管理思想家

我简直无法恰如其分地表达我的钦佩、激动和难以置信……给予人们互相关怀的力量和自由，相信人们想要做得好，想要变优秀……看看这些东西是如何为每个人创造价值的——没有比这更好的了。写下这些时，我的眼里含着（快乐的）泪水。

——埃米·卡迪，哈佛商学院副教授

利润很重要，但人更重要。作者用真实世界的例子来说明，在今天的董事会中经常缺席的人性，实际上是一条通向持续增长的直接路径。世界各地的商界领袖都应该牢记这一要旨。

——罗恩·沙伊奇，帕尼罗面包公司创始人、董事长兼首席执行官

作者完美地诠释了商业与人类精神真谛的重要交集。百威勒集团的每一家公司、每一名员工，正在改变世界和商业世界！如果这种模式能在制造业获得成功，它就可以在任何地方获得成功。

——基普·廷德尔，康泰纳零售连锁店董事长兼首席执行官

说到最大限度地发挥潜力，查普曼和他的百威勒团队已经找到了答案。这本感人又实用的书会让你问自己："为什么我们没有这样做？"现在你可以从明天开始了！

——杰克·坎菲尔德，《成功原则》的合著者

以人为本、共情，这让我很震惊。这本书几乎是北美每一位 CEO 都在屏息等待的……即使他们还不知道！

——鲍勃·伯格，《给予的力量》的合著者

每一位想找到使企业持续成长直接路径的管理者都应该看看这本书。不把人视为实现商业目标的工具和数字，有可能成就巨大的业绩吗？本书不仅讲述了百威勒集团的精彩故事，更有如何在实际中运用这一理念的具体路径指导。

——高晓敏，开润股份联合创始人

作为企业中的人力资源工作从业者，我对共情的魅力有深刻的认知一共情，让我重新链接了自己，链接了他人，链接了组织。我强烈推荐 HR 的同行们、企业 CEO、中高层管理者等都来看一看这本好书，相信大家会从生动的企业内部故事中找到通往商业成功的重要力量。

——安莹，涂鸦智能人力资源总监

Translator's Preface | 译者序

触动与共鸣

当我开始写译者序时，我在思考分享什么内容给读者。我链接到本书的一个重要原因是：我的工作角色之一是一名引导者（Facilitator）和人本主义设计思维工作者。弱水三千，只取一瓢，我何不从“引导者”的视角来写呢？引导（Facilitation）的精神，就是相信、尊重团队和团队里每一位伙伴的参与性、创造力以及他们共同凝聚的集体智慧，每一个人的声音都重要，人和人之间的协作与对话也很重要——这正和本书要表达的“以人为本，每个人都很重要”的共情思想高度契合！的确，《共情：觉醒商业的管理》所谈的就是在企业的商业利益之上，在组织里的一堆衡量绩效成功的数字之外，企业还应有一个更高的目标，就是“共情”“以人为本”，把员工的成长与幸福作为最高的使命，并由此发展出一种看起来非常与众不同却又符合人性的领导方式。而在这种关注员工身心幸福的企业文化下，商业利润也随之而来，健康的商业成功也水到渠成。在本书中，这家价值 17 亿美元的制造业公司和拥有 1.1 万名员工的百威勒集团，用它的真实故事诠释了“共情”的人文精神在商业世界所发挥的巨大力量。

在翻译的过程中，我总是被一些温暖的片段和真实的情节所触动：在本书作者之一鲍勃·查普曼领导的百威勒集团里，员工共同参与组织和部门未来愿景的畅想与规划；领导者把基于“共情”“以人为本”发展出的领导力清单作为每天的行为原则；企业里的流程在设计时首先服务的对象是人而不是事，并且会把员工作为“流程的用户”邀请到流程的设计过程中；领导者的职责不是像灭火一样解决问题，而是点燃员工的梦想与热情之火，让他们分享和发展自己的天赋；在这个企业里，认可与庆祝员工的成长和成就无处不在，而不是把注意力放在纠正错误与问题上；百威勒培养真正从“共情”“以人为本”的动机出发、无论职位高低的领导者，传授给他们洞察力而不仅是知识信息；在这个企业的文化氛围里，关怀、鼓舞和庆祝发生在每时每刻，关怀会像“病毒”一样传染给每个人。

这些片段和情节不禁让我回忆起过往的一些经历。曾记得，我在企业做流程数字化项目经理时，当时我们参考国际上的标杆设计出企业的一些流程，并雄心勃勃地要把它们变成员工参与的信息化管理流程，然而在实际执行过程中却发现，这些数字化流程并不符合员工的实际操作情境。我还记得，在一次在团队聚会时，当时作为项目经理的我被一位酒后吐真言的项目团队伙伴毫不留情地指斥“不关心团队伙伴，只关心项目进展”。我也记得，第一次接触和参与引导工作坊，感受到自己作为一个个体被尊重、贡献创造力和融入团队的美好体验，也开始反思我在流程设计和团队管理时对“人”的忽略，并由此踏上一名引导者的学习和践行之旅。我也记得，在作为一名专业引导者去接触发起团队会议的企业高管时，当他们中有人请我“诱导”参与者的共创成果去往他要的方向与结果时，我会拒绝这种本质上是“控制和命令”性质的引导项目。在我看来，每一个发起团队会议的领导者，他的起心动念不正应该是“共情”“以人为本”、欣赏每一位员工，以及创造员工在团队协作中的良好互动与美好对话吗？

反思与探索

引导型领导者、引导型管理者、企业引导者在某种程度上也是“共情”精神的倡导者。“共情”攸关的心智模式不是“命令和控制”，而是“尊重员工个体和群体智慧，并赋予人们互相关怀和信任的力量”。那么我依然还是按照《共情：觉醒商业的管理》这本书故事里的脉络，从我与“引导”有关的认知与实践体验中去反思和探索，探求一些我认为在“共情”的企业文化里生长出来的行为。

提问的力量：提问引发思考，告知引发争辩。领导者提出正确问题的力量，可以让员工贡献他们的大脑与心灵，分享他们的天赋与智慧，而不是在“控制和命令”中被动地工作。

深度聆听：只是聆听，不去评判而是带着同理心去聆听下属与同事，当人们被真正地听见，他们会感受到被关怀从而被赋能，甚至会把这份聆听与关怀传递下去。

真正的对话：重视每一次大大小小的与员工之间的对话和团队参与的关键会议，去审视每一次会议发起时的起心动念、意图与目标，让参与的员工带着对会议目标的清晰认知参与会议和对话，去营造信任与安全的会议外在空间和人们的内在空间，尊重每一个参与者发出的声音。

参与共创：邀请企业员工参与企业的一些关键会议，主题涉及战略与使命、愿景与价值观、产品与服务创新设计、流程和管理再造、卡点问题的创造性解决等，让他们在会议中彼此共享信息、共情同理、共识观点、共同决策。当组织里一些有力量的改变因为他们的贡献而发生，便能激发他们更令人惊叹的创造力与行动力。

欣赏式探询：更多地去发现员工做得对的和好的事情并发自内心地欣赏与赞美，而不是让注意力一直停留在他们做得不好和不对的事情上。人们会因为被“欣赏”而焕发出活力，也可能因为不断被“纠错”而气馁。

流程设计的人性化：企业流程和程序的设计应首先“共情”“以人为本”，服务于使用它们的员工，才可能真正创造出流程的效能。

邀请与感恩

我觉得《共情：觉醒商业的管理》这本书适合很多人和很多角色，不管你是领导者、管理者、企业员工、人力资源工作者、教练、引导者、社群工作者、培训师、学校老师、家长等，你都可以来读这本书，以及用你独特的视角反思与发现新的洞见。正如本书里写到的，鲍勃·查普曼领导的百威勒集团的关怀文化，将关怀的对象延展到了更大的范围，包括员工的家庭、社群、供应商等利益相关者。“共情”的心智与行为不仅仅适合于企业，也同样适合于家庭和社群。“共情”指的是对待公司员工的态度和行为其实与对待家人没有差别。如果每个人都可以去关怀自己的员工、同事、父母、孩子，那么这种关怀的力量就会带来美好的改变，并交织出一个更美好的世界。

我很抱歉，因自己工作较为忙碌，而翻译又是一个需要投入心力与能量的事情，进度并不是很快，也不尽完美。我非常感恩在本书的翻译与校对过程中，北京颉腾文化传媒有限公司的貌晓星和李兴的帮助，以及我非常尊敬和欣赏的引导者任伟对我的包容与支持。

同时也感谢所有翻开本书的读者，希望你也可以开始把关怀带给自己，带给你身边的每一个人。

金沙浪

IAF-CPF 国际引导者协会认证专业引导者

沙浪共创 Lab

微信公众号：金沙浪嘿呦

电子邮箱：jinshalang@vip.163.com

Foreword| 推荐序

作为正念领导力教练和觉醒商业顾问，我既关心领导者的内在是如何发展和转化的，又很好奇组织成长繁荣的真正路径。看完这本《共情：觉醒商业的管理》，我欣喜地发现作者鲍勃·查普曼与百威勒集团在这两方面都给出了特别鼓舞人心和有借鉴意义的探索。

查普曼是美国百威勒集团的董事长兼 CEO，他的领导力转变之旅对于许多企业家来讲，应该是很有亲近感的。他早年接受了主流会计学和工商管理硕士的教育，之后接管了风雨飘摇的家族企业，前期的管理方式也是典型的美国做派，利润为先，在商言商，把工作和生活截然分开，并认为这些是理所当然的。

好在查普曼也是个善于观察和反思的有心人，书中提到了触发他转变的几个重要机缘：一是有次去视察工厂，偶然看到休息室里兴高采烈聊体育比赛的员工们一听到上班铃声顿时变得垂头丧气，惊讶之余，他打算设法“让工作快乐起来”，于是用设立目标奖的方式激励所有人力争上游，把工作当成“游戏”，极佳的效果让他深刻体会到员工被鼓舞之后迸发出来的巨大能量；二是查普曼受邀参加朋友女儿的婚礼，过程中他领悟到“每个人都是父母的宝贝”，因此公司领导者应该成为员工的“生命管家”，而不只是把他们当作赚钱的工具；三是他受到教区牧师的启发，感慨“自己其实有更多的机会去提升和激励人，并可以用以人为本的领导方式去影响他们的生活”。看起来，查普曼的思想转变路径和全食超市 CEO、觉醒商业运动发起人约翰·麦基（John Mackey）似乎有所不同，后者有更多的内在探索，如禅修、灵性练习、户外徒步和哲学思考等。当然，我也丝毫不怀疑查普曼的内在准备度，否则那些场景不会拨动他的心弦。

在查普曼的带领下，百威勒的人本管理转型起步于一些小试验，如销售竞赛和领导力跑车奖等；接着又群策群力提炼出公司的领导力原则，在内部展开广泛而真实的对话，直面现实问题，同时鼓励员工有意识地整合生活和工作中原本分裂的价值观，做真实的自己。后期在公司引入精益变革时，同样注重以人为本，力图使员工自愿自发地实践精益理念，从而既完成了业务价值流再造，也在很大程度上改变了员工个人的精神和生活状态，为他们的生命提供了更为深远的意义感和成就感。（这条经验对于国内实践精益制造的企业来说有可能是重要的，也让我联想到苏州固锝和方太集团基于优秀文化的精益实践。）

百威勒大学的创办更是公司发展史上的一个里程碑，它通过各类精心设计并由资深员工讲授的课程来提升参与者的沟通能力、领导力及其他技能，让员工成为更好的同事、伴侣、父母、子女、朋友和公民，并使公司独特的文化得以有效传承。

另外值得一提的还有百威勒与众不同的公司使命，明明是一家传统的机械制造企业，其首要使命却是“让所有团队成员都能过上有意义且充实的生活”，并且“我们衡量成功的标准是以何种方式去触碰人们的生命”。（这和国内觉醒企业信誉楼百货的使命——“让员工体现自身价值，享有成功人生”，有异曲同工之妙。）

上述一切似乎都是在爱和“以人为本”的价值观基础之上，或者说是从人性的根子上，随着时间有机生长出来的，并没有捷径可言；而查普曼就像是一个负责任的好园丁，智慧又耐心地照管着整个组织生态。

可能有人质疑百威勒人本管理的有效性与适用性究竟如何。事实证明还不错！它经受住了 2008 年金融危机的严峻考验。当时百威勒并没有像其他公司那样慌忙裁员瘦身，而是巧妙地采取了 4 周无薪假期、高管降薪等所有员工共同承担的方式渡过了难关，2010 财年的盈利还出人意料地创了新高。最有意思的是，公司甚至成立了以“创建让人们引以为豪的伟大企业”为使命的投资基金，运用人性化、有耐心和价值观导向的理念投资并辅导那些陷入困境的潜力企业。在 16 年的时间里，百威勒居然为投资者创造了年均复合增长 15.5% 的回报（一个堪与巴菲特的伯克希尔 -哈撒韦公司相提并论的价值创造纪录），且从未出售过所收购的公司。

至今，百威勒集团在不同国家实施过上百次并购，大都能扭亏为盈、获得新生，成功率高得令人咋舌，其秘诀就是植入一贯的人本管理。百威勒在中国也设立了分部，并于 2018 年收购了祥艺机械。查普曼曾评价道："这次收购不仅带来了拓展市场的良机，同时我们将与新的（中国）团队成员共同发展以人为本的公司文化。”希望未来能有机会组织觉醒商业访学营，去现场学习百威勒人本管理在中国落地的经验。

我相信，对于每一位正在实践商业向善与人本管理的企业家和专业人士来说，这本书犹如一泓活水源泉，可以滋养内心的力量与灵感，并让人倍感“吾道不孤，前途可期”！

陆维东

觉醒商业顾问、正念领导力与意识进化教练

中国组织进化年会联合创办人

Preface| 序言
对人的热情

“绝对是我人生的低谷。”肯 · 科本斯（Ken Coppens）回忆道。作为威斯康星州绿湾（Green Bay）造纸机械公司（PCMC）的下岗工人，肯带着妻子和年幼的儿子，用尽一切合法手段来维持生计。今天是兰博球场（Lambeau Field）的比赛日。第三节比赛进行到一半时，肯穿上厚厚的衣服，抓起两个黑色的沉重的垃圾袋，开始了从他家到体育场的三个街区的步行。如果运气好的话，包装工队的球迷会留下足够的可回收罐子来填满这两个垃圾袋。赶上好日子，他还能攒够钱给儿子买纸尿裤，再给汽车加上油。

当他接近体育场时，肯低着头，努力把帽子拉得更低。绿湾是一个小镇。被解雇不仅在经济上是毁灭性的，在情绪上也是毁灭性的。破碎的自我意识让他无法承受别人认出他时的额外打击。

当肯在 1980 年 2 月到造纸机械公司的机械车间工作时，他认为他的生活已经准备好了。这家为世界上最大的纸巾供应商制造机器的公司，被绿湾的所有人认为是当时最好的工作场所之一。对肯来说，这意味着他的机修工工资每小时可以增加几美元。事实上，他早年在造纸机械公司工作的时候，肯记得经常有几张工资支票堆积在他家的梳妆台上，只有在他需要钱的时候才拿去兑现。但这不仅仅是为了一份收入不菲的工资。肯看到的是在这样一个规模和地位的公司里，像他这样聪明、有进取心、勤奋的人有很多机会。作为一名零件送货员，虽然那时的职位很低，但他知道有很多晋升的途径，同时也相信在造纸机械公司工作意味着他有一个稳定的未来。

一年半之后，肯第一次被解雇了，妻子却即将生下他们的第一个孩子。“我记得我当时的恐惧。我的孩子马上就要出生了，而我的妻子因先兆早产不得不请无薪病假卧床休息。我们的积蓄几乎消耗殆尽。我该如何找到新的收入来源？我该如何抚养我的新生儿？那种恐惧和不确定的感觉很可怕。”四天后，他的儿子出生了。“我有强烈的失败感和不满足感，有些时候还感到抑郁。我们买了一幢房子，但不得不卖掉它，失去了所有的首付，这真的很难。”最终肯被召回工作，但后续的裁员又接踵而至。事实上，肯在造纸机械公司的前六年里，他从来没有连续工作超过 18 个月。

在那些日子里，造纸机械公司的业务受到市场剧烈波动的影响。该公司有时会接到客户的大订单，有时又会有一段时间完全没有业务可干。当没有订单的时候，公司解雇了像肯这样的低资历的工会成员、工程师和办公室职员，以削减成本。至于何时会裁员，几乎谁也无法预测。有一次，肯发现自己上周六还在加班，这个周二却得知自己又被解雇了。

那些担任高管的人一如既往地歌舞升平，从未有过被裁掉的危机感，他们几乎感受不到企业起伏的影响。对像肯这样的人来说，这些起伏往往意味着经济上的破产。低资历的员工没有办法去为裁员做计划，因为公司很少就何时裁员以及裁员可能持续多久与之进行沟通。如果肯选择离开造纸机械公司，他将放弃优厚的工资和在工会中晋升的机会。而在裁员期间被另一家公司雇用几乎是不可能的，因为许多当地雇主要求入职者签署协议，表示在经济衰退结束后，他们将不再回到造纸机械公司工作。这简直是在坐经济和情感上的过山车。

造纸机械公司的制造总监格里·希基（Gerry Hickey）也在经历自己的情感过山车。他天生是一位支持和信任员工的领导者，给他的团队很多鼓励，帮助他们解决问题，也给他们足够的空间和自由去做自己的工作，把他的下属视为朋友。随着商业压力的增加，他得到了主管反复而明确的指示，要对所有活动进行微观管理，包括人们每分钟都在做什么。这种事无巨细的管理将他带入了职业生涯的黑暗时刻。在一次年度评估中，他的主管明确告诉他要对下属更严厉。主管说："你得像个混蛋一样对待他们。你得让他们知道谁才是老板！"

格里的工作职责之一就是在美国以外的地方，帮助公司物色可以转移零部件生产设施的地点。他的护照上盖满了从墨西哥到波兰再到中国等国家的印戳。从本质上说，格里的工作就是减少绿湾的工作岗位，从他的朋友那里抢走机会。每一次出差，格里都变得更加消沉。但他知道，如果他选择让位，他的继任者可能会推翻他为团队员工所做的一切。他感到自己好像被困在一艘正在下沉的船上。

造纸机械公司企业文化的毒性越来越大，气氛中充满了恐惧、不安与不信任。肯回忆说，有一次公司领导让他去监视一个刚被解雇的工友，当时她正在收拾自己的私人物品，确保她走人的时候没有偷走公司的东西。这种猜疑让他感到恶心。和大多数人一样，他每天来上班的时候都在想，是否会有更多的坏消息即将到来。"造纸机械公司请来了一个咨询小组来帮它决定该怎么做。他们说：'要想让公司达到合适的规模，就必须解雇这些人。'合适的规模在当时是很重要的。当时我是一个组长，而我的一些团队成员在我不知情的情况下被解雇了。那一天被我们称为'黑色星期五'。当我经过领导的办公室，看见我的一个团队成员在那里流着泪，我有一种不称职和挫败感，因为我没有提前告知她要被解雇。那天，我的团队里共有 3 名成员被解雇了。最后，我不得不走到他们的小隔间去安慰他们，帮助他们收拾东西，然后把东西搬到车上。我感觉糟透了。”

这个关于肯、格里和他们公司的故事沿袭了一个令人悲伤却熟悉的模式。造纸机械公司曾是市场领导者，却在与国外对手的激烈竞争中失去了市场份额。在作为家族企业的最后一年，即使造纸机械公司的收入为 2 亿美元，仍然亏损 2500 万美元。它面临着对未来的巨大不确定性，应对着其他美国制造企业所面临的许多挑战。它用频繁重组和裁员等传统管理策略来应对财务困难，但结果只是加剧了问题，破坏了公司文化，挫伤了士气。恐惧和不信任无处不在。一种腐蚀性的“我们 vs. 他们”心态弥漫在公司：工会 vs. 非工会、办公室 vs. 车间、管理层 vs. 工人。

肯回忆起当初进入一个非工会组织工作时发生的事情。“我在造纸机械公司获得了一个从事制造工程的机会。用当时的行话来说，我是在‘跳过篱笆’，离开工会。这个职位为我提供了一点希望，一个接受教育和成长的机会。但从心理上来说，这非常困难，因为我失去了一些朋友；他们不再和我说话了，因为我已经不在工会了。当我想要询问问题和获取信息时，有些人拒绝和我说话。”肯意识到，他的许多朋友把工会看作是他们的基础，他们立足的地方，他们的磐石。“但我认为工会是一个天花板。你无法真正掌控自己的命运；你只是一个数字。无论我多么努力，无论我试图做出怎样的改进，我永远不能超过被预先指定的某个等级。”

造纸机械公司将一条有降价压力的产品生产线转移到巴西，以获得那里较低的劳动力成本。但这对其最大客户来说还不够，他下了最后通牒：3 年内将主要生产转移到中国，否则将把业务从造纸机械公司撤出。拥有造纸机械公司八十多年的家族不知道如何应对越来越多的挑战，最终选择了放弃。在过去的 7 年里，该公司有 5 年是亏损的，数百名团队成员的前景一片黯淡。

然而，问题的解决之道并不在转移生产线，而是在他们眼前。正如肯回忆的那样，“我们知道公司在走下坡路，有些人也知道该如何来帮助公司。但那是一个令人窒息、控制欲很强的环境，拥有控制权的企业领导者对让其他人参与到企业中不感兴趣。那是一个非常伤脑筋和不确定的环境，充满了紧张和绝对的恐惧。”

“共情”就是当普通人抛弃长期以来所认同的管理规范，发端于他们内心最深处的正义感，并对托付给他们的生命产生一种深刻的责任感之时，所引发的一系列后果。当我们说“长期以来所认同的管理规范”时，我们谈论的是一系列的行为——从公司如何在会议中对待员工，到管理者如何处理数百万美元对他们底线的冲击——这些都是从假定员工是他们所执行的职能开始的，在商业上的成功意味着知道如何做出艰难的决定，以实现数字上的利益。本书将讲述我的公司——百威勒多次面临挑战或危机的故事，这些挑战或危机本可以通过牺牲员工来应对，以维护企业的利益。但相反，我们用这个问题来挑战自己：我们如何重新定义成功，如何通过影响所有人的生活来衡量成功？

这些故事的核心是一个简单、强大、具有变革性和可测试性的理念：团队中的每一个成员都很重要，值得被关怀。他们中的每一个人都对你未来的事业有帮助，而你的事业也应该对他们的生活有帮助。

这不是简单的理想主义，尽管这并没有什么错。商业领袖总是在寻找具有良好回报潜力的投资，但我们的重点是为所有利益相关者创造价值。机器可以用可测量的增量提高生产率，而新流程可以创造显著的效率。然而，只有人才能用量子跳跃让你震惊，只有人才能做到十倍于他们自认为能做的事，只有人才能超越其最疯狂的梦想，只有人才能在一天结束之际让你感觉美好。我们在生活和商业中认为有价值的一切都始于人，也终结于人。

我们可能都知道这一点，但大多数人总是用了错误的方法。我们采用残酷、短视的解决办法误判了结果。大多数商业挑战并不如我们所想的那般。

如果你开车经过威斯康星州、俄亥俄州和密歇根州的许多小镇，或宾夕法尼亚州的农村地区、加利福尼亚州的许多地方，甚至在美国的大部分地区，你会看到一个世界和一种生活方式在逐渐消失，这些景象既悲伤又鲜明。破败的废弃工厂、关闭的仓库和空荡荡的办公大楼是曾经繁荣的制造业经济遗留下来的唯一东西，尽管它曾为人们提供了安全、高薪的工作，并支撑了数百万人在数十年里充实而光鲜的生活。

即使在那些还在运营的企业中，你也会看到许多拥有自豪传统的公司正试图通过缩小规模来获得成功，例行地宣布大规模裁员和无休止的“重组”，拼命求生。你看到人们失去了他们的生计，也失去了他们的自我价值感和对未来的希望。你可以看到，社区被掏空，学校只发挥了一小部分功能，年轻人成群离开，绝望地在别处寻找更多的人生意义和更好的发展机会。这就像一场逐底竞赛[①]，可以削减的都被削减了，价值所剩无几。

造成这一切的原因是一种腐蚀性的思维定式，这种思维定式植根于商业世界，建立在对人类狭隘而愤世嫉俗的看法之上。我们今天看到的灾难，是始于工业革命最初几十年一场变革的可预见终点。资本主义企业的核心

① 逐底竞赛是指为了获得竞争优势，而不惜以打破竞争底线、造成不良结果作为代价。——译者注

有一个致命的缺陷，它曾经让这些社区繁荣起来：从一开始，员工就被视为工具化的劳动资源，就像他们所生产的部件一样可以互换。只有在漠不关心的管理层和激进的工会进行了旷日持久的斗争之后，安全和更人道的工作条件才被勉强批准。由于缺乏热情和灵魂，这些企业最终很容易成为更精明的竞争对手的猎物，后者以更低的成本经营，并愿意想尽一切办法节约成本。

事情不一定非得这样，我们也有可能恢复希望，并为生活和工作在这类社区（实际上是所有社区）的人们提供安全的未来。但要做到这一点，首先必须从根本上改变我们对商业、对人、对领导力的看法。如果我们这样做，就可以建立一个蓬勃发展的组织，给所有为它们服务和依赖它们的人带来快乐与满足。

尽管它们是例外而不是规则，但在今天的组织中，企业的每个利益相关者都在蓬勃发展：客户、雇员、供应商、社区和投资者。这样的公司天生就有一种更高的使命感，怀着为所有利益相关者创造多种价值的决心，有关心公司使命和员工的领导者，有建立在信任、真诚和真正关爱人类基础上的文化。

这些“觉醒”的公司大多生来如此，而且几乎所有这些公司都在发展型行业中运营。还有另一种不太为人所知，但在某些方面更令人信服的现象，也同样令人激动：这已成为一种商业方式，正在缓慢地为美国制造业带来复兴。事实证明，这种思维模式在世界各地都很有效，在制造业以外的商业环境中也同样有效。在百威勒，我们已经发展出了一套相当完备的商业哲学，我们用它来重振和恢复了几十家企业的繁荣，而它们之前大都已经奄奄一息了。

这是一个关于“真正的人性”领导力和影响力的故事。它关乎将我们最深刻的权力感、真实的关怀和崇高的理想带到企业。它关乎获得超越成功的成功，这份成功以人类生命的繁荣来衡量。这是一个关于商业和领导方式的故事，它是一家拥有 130 年历史的公司在过去的 20 年里才践行的，但它已经在丰富团队成员的生活，同时在创造非凡的股东价值方面建立了良好的记录。这是一种经过测试、改进并被证明行之有效的方法，在 6 个明显不同的国家以及美国的许多城镇和城市进行了几十次测试。

2005 年 10 月，百威勒收购了这家陷入困境的造纸机械公司。造纸机械公司是一个在当地建立已久的家族企业，由一位非常关心公司的仁慈领导者领导。但它也是一个组织，采用自上而下的领导方式，缺乏信任，甚至还有一点儿任人唯亲。肯回忆起在那里工作的感觉："在被收购之前，我经常在上班路上的一家小便利店停下来喝杯咖啡。收款的年轻女士注意到夹在我腰带上的工作铭牌和出入证，就问道：'哦，你在造纸机械公司工作？那里一定很糟糕吧。'这对我来说既现实又尴尬，因为我在想，'这位拿着最低工资的年轻女士，却在为我感到难过'。"

随着收购的完成，绿湾的人们相信，更多的生产线将转移到成本更低的国家，这样的话公司就能更好地参与市场竞争，但这也意味着他们中的大多数人将在此失去未来。相反，作为新管理方法的第一个信号，我们宣布已经转移到巴西生产线的制造业务将回归绿湾。人们对这条消息表示怀疑：这是真的吗？肯感到一丝希望在萌动。"第一周，《领导力的指导原则》（百威勒的愿景和价值观宣言）就挂在了走廊上。我记得当时还专门停下来看过它，既感到希望，又有一些怀疑。这似乎太好了，令人难以置信，这是我在过去 25 年的生涯中想要但从未体验过的。还记得我对自己说，'伙计，如果我们能做到这份文件中所说的 10%，事情将会变得十分美好’。”

如惯例，在收购完成之后，我会见了包括办公室、工厂、工会和非工会团队成员在内的很多同事。我表示将尽一切可能为他们提供一个更好的未来，并与他们分享了“伟大的美国制造公司”的愿景。我说：“我们相信你。我们可以扭转这一局面，我们可以和今天在场的各位一起做到这一点。我们可以与世界上任何地方制造的设备竞争。让我们一起去创造一些伟大的东西。我们将向世界证明，你可以公平地支付员工薪酬，善待他们，在本地生产，并在全球竞争——就在威斯康星州的绿湾！”

这些话令肯肃然起敬，一种新的商业方法是令人鼓舞的，但他对这一点仍持怀疑态度。他回忆说：“我不确定会发生什么。一开始还以为我们会失业，然后我们听说了一个疯狂的 CEO，他将专注于工作中的成就感。这个人看起来像是来自另一个星球。”

坐在肯旁边的一位明显持怀疑态度的工会成员举起手说：“我想听到你说你关心我们的工会。”我毫不犹豫地回答：“我根本不在乎你们的工会……我关心的是你。”

从那以后，他开始明白我是认真的。我相信，如果你信任别人，并向他们展示你的信任，他们就可以改变自己的生活和企业的未来。肯记得他意识到这一点的那个瞬间。“我们都在想百威勒家的人什么时候会来解决我们的问题。我向史蒂夫·肯普（Steve Kemp）汇报，他现在是造纸机械公司的总裁。我问他从圣路易斯来的车什么时候会停。他把手放在我的肩上说：‘肯，这里没有巴士。像你我这样的人，必须解决这个问题。’我非但没有感到失望，反而感觉很好；我们知道东西坏了，但我们有想法，想尝试一些东西，这给了我们希望和信任的感觉。我觉得终于有人对我们改善的能力有了信心。”

我们承诺要为绿湾的数百名工会和非工会员工创造一个未来，这样肯和许多像他一样的人就能得到一份稳定的好工作及公平和可预期的工资。我们致力于建立一个可持续的商业模式，一个在变化的经济中具有弹性的模式。

我们的承诺不仅是一个安全的未来。我逐渐明白，作为一名首席执行官，我的责任超越了企业业绩，并从对我们所关注之人美好生活的深深承诺开始——正是这些人的时间和才能使美好成为可能。

我们设想了一种新的企业文化——一种以人为本、共情的文化，在这种文化中，真正的成功是通过我们影响人们生活的方式来衡量的。我完全痴迷于创造一种文化，在这种文化中，所有的团队成员都可以实现他们的天赋，分享这些天赋，然后每天心满意足地下班回家。百威勒已经踏上了文化转型之旅，现在造纸机械公司也将如此。

在我们的指导下，造纸机械公司立即开始着手扭转其支离破碎的业务。很明显，它需要迅速做出一些改变，以恢复梦想破灭、精神崩溃的团队成员的信心。第一步，我们派出了造纸机械公司的一个团队参观了位于威斯康星州菲利普斯、巴尔的摩和马里兰的百威勒工厂。当我们收购这些工厂的时候，它们都在苦苦挣扎，但我们在财务和文化上都让它们扭转了局面。格里·希基被选中参加了两次观摩，他回忆了自己对那里的第一印象:“在那些地方工作的员工都非常热情，对业务非常投入。我们被邀请与任何我们想与之交谈的人交谈，他们毫无隐瞒。菲利普斯和巴尔的摩的团队感觉自己在创造自己的未来，而不是被告知该做什么，这与造纸机械公司的氛围形成了鲜明对比，那里的管理者对每一项活动都进行了微观管理。那次观摩给了我们希望，在绿湾也同样有此可能。”

带着重燃的热情，绿湾团队开始工作，明确了首要任务是将造纸机械公司的客户群扩大到行业内少数几个购买周期不可预测的大公司之外。公司已经变得过于依赖它们的业务，对它们的需求反应过度。

回想一下那个坚持让我们把生产线转移到中国的客户，当时是为了减少购买我们技术的成本。我们的团队飞到他们的公司总部，通知他们造纸机械公司不会将生产线转移到中国。相反，我们向他们保证，我们会在绿湾运营的同时，找到另一种方法来赢得他们的业务。不用说，这个客户有点不相信。对格里而言，这个消息减轻了他肩上的沉重负担。他现在可以专注于重建自己的团队，而不是背负着执行裁员计划的罪恶感。

几个月后，该客户的高级副总裁被邀请参观新的造纸机械公司。在这中间的几个月里，我们的团队使用持续改进措施努力实现了多个流程的变革。通过检查关键流程并对造纸机械公司执行订单的方式进行增量改进，他们能够创纪录地在相应时间内生产更高品质的零件。在访问期间，客户小组四处走动，观察已经做出的改进，并与员工交谈。高级副总裁挑选了造纸机械公司制造部的一位工会老会员问道:“这里的每个人都相信正在发生的变化吗？”这名员工不假思索地回答说:“没有，但我们关注的是那些值得相信的人。”

同时，我们进行了操作上的调整。通过引入更强的紧迫感和新的绩效指标，造纸机械公司的服务业务得到了加强，这为客户和企业带来了更好的价值。通过这一切，团队致力于为造纸机械公司创造一个令人兴奋的崭新愿景——一个理想的未来状态。结果呢，它的数百名成员，包括工会成员和非工会成员都作出了非凡的承诺——承诺成为团队的一员，创造更美好的未来。

在我们的管理下，造纸机械公司在第一年实现了健康的转变。两年里，该公司开始显示出财务业绩基础，这充分证明了我们对其未来的信心。与强劲的经济复苏相比，员工的情绪显著回升更加引人注目。他们不再担心每天上班时又接到裁员的消息，也不再每天筋疲力尽、垂头丧气地下班回家。

8 年时间里，我们把一家亏损、濒临破产、对未来几乎没有希望的公司，变成了一家没有任何裁员、从国外把工作机会带回绿湾、正在获得市场份额和开发新产品的公司，并已成为一个真正的人性领导力的典范。造纸机械公司的转变超越了可以用数字表达的东西。它依赖真正的人类主动性来创造一种文化，使人们在面临巨大挑战的今天对未来保持乐观。随着时间的推移，我们塑造了一个在绿湾拥有未来的组织，而其成员一仍其旧。我们独特的领导方式和战略创造了一个蓬勃发展的企业！

格里 · 希基现在说，作为一名领导者，他的工作就是从团队的角度来看待每一种情况。作为百威勒大学所有领导力课程的毕业生，格里表示，他最大的收获就是真正理解他人、认真聆听、更加努力地认可和庆祝个人成就。更重要的是，这次经历改善了他和妻子温迪（Wendy）38 年的婚姻。“在我们为生存而奋斗的‘黑暗日子’里，温迪说我困惑和沮丧，还有点痛苦。我们不可能不把正在面临的挑战带回家。现在，我想我是一个更好的聆听者，一个更有爱心的丈夫，我想温迪也会同意！”

最终，肯 · 科本斯离开了他在销售行政团队的职位，领导两个百威勒工厂的持续改进计划。通过这一角色，他发现了自己激发和推动变革的天赋，最终促成了他目前在百威勒大学担任教授的角色。如今，他为世界各地的百威勒团队成员提供从沟通技巧培训、持续改进到创造服务文化等一系列课程。他每天的工作就是激励他人做出改变，为百威勒及其文化创造一个可持续发展的基础。这始于让人们健康幸福的努力。肯分享道：“多年前，有人否定了我成为一名教师的梦想，而我也屈从了。而百威勒给了我如此多的机会，让我感受到了这种不可思议的无拘无束的感觉。它给了我新的生活。”

百威勒的转型、振兴和重新成长的方法已经在世界各地不同行业和不同文化的数十家公司中被证明是有效的。即使是面临严峻挑战的公司，我们的方法都为利益相关者创造了巨大价值。关键的支柱是建立一个共同的长期愿景，培养共情的文化，从内部培养领导者，让员工满意地回家。

最后，它关乎真正关怀和珍视每一个人的生活。它涉及所有人，而不仅仅是少数富人或特别有才华的人。它关乎以富足的心态生活：充分的耐心、爱、希望和机会。每个人都想作出贡献，相信他们。领导者无处不在，找到他们。有些人拥有自己的使命，为他们庆祝。还有一些人则希望情况有所不同，聆听他们。以人为本，向他们展示。我们不只需要一个新的指南来引领时代的变革或进步，更需要彻底的反思，来一场革命。

我怎么知道这些的？因为我一开始是把利润看得比人重要的领导者，总是只考虑成本，从不关心别人。最终，我意识到这一切都关乎领导力——但不是我在商学院学到的那种领导力。事实证明，这比任何数字都更有价值。

鲍勃·查普曼是价值 17 亿美元的制造业公司百威勒集团的主席兼首席执行官，他的使命是改变企业对待员工的方式。

——《公司》(*Inc.*) 杂志

从 1997 年开始，鲍勃·查普曼和百威勒集团开创了一种截然不同的领导方式，这种方式可以创造出类拔萃的士气、忠诚度、创造力和商业绩效。该公司完全拒绝这样的观点：认为员工只是一种职能，可以随意调动，也可以用胡萝卜和大棒“管理”，或者是随意丢弃。相反，百威勒展示了以人为本、共情的现实，认为人们可以像在一个家庭里一样。这不是陈词滥调式的使命宣言，而是公司成功的基础。

在困难时期，一家人团结在一起，一起作出牺牲，一起忍受短期的痛苦。如果父母失业，家庭会“解雇”某个孩子吗？这是百威勒在经济大衰退导致收入暴跌一年多的时间里采取的方法。公司没有大规模裁员，而是用富有创意和关怀的方式来削减成本，比如要求团队成员休一个月的无薪假。因此，百威勒从经济低迷中走出来，使得员工士气空前高涨。

当你第一次听到这种方法时，怀疑是很自然的。每当百威勒收购一家依赖传统管理制度的公司时，新的团队成员也会对此持怀疑态度。但他们很快就会明白，在一个特别的工作环境中工作是什么感觉，那里的使命是让每个人都感到被信任和被关怀，并且期望他们通过互相关怀和把共同利益放在首位来证明这种信任是正确的。

鲍勃 · 查普曼及合著者拉金德拉 · 西索迪亚（以下简称拉金）向我们展示了任何组织都可以拒绝滚动式裁员、非人性化规则和超强度竞争文化带来的创伤后果。一旦你不再像对待职能或成本那样对待员工，那些不受约束的员工就会开始分享他们的天赋和才能，为共同的未来而努力。

于是，泄气的员工不再觉得他们的工作毫无意义，沮丧的员工不再拿他们的配偶和孩子出气，每个人都不再数着时间等待下班回家。

这本书记录了查普曼寻找自己真正使命的历程，并深入参与团队通过关怀、同理心和激励来应对现实世界挑战的幕后。它还提供了改变自己工作环境的明确步骤，无论你是领导两个人还是领导 20 万人。虽然百威勒的方法并不容易，但道理却简单。正如作者所说："每个人都想做得更好，相信他们。领导者无处不在，找到他们。人们每天都能取得好成绩，无论大小，祝贺他们。有些人希望事情有所不同，聆听他们。以人为本，做给他们看。"

Contents | 目录

第一部分　旅程

第一部分 旅程

与梦想家、信仰者、勇敢者、快乐者、计划者、实干家、成功人士一起同行，他们既有奇思妙想又能脚踏实地。让他们的精神点燃你心中的火焰，让这个世界比你发现它时更美好。

——威尔费德·彼得森（Wilferd Peterson）

第一章
领导的衣钵

我的父母是大萧条时期的孩子——来自艾奥瓦州的普通人，他们出身贫寒，所以当一切崩溃时，家庭也不会有太多损失。农场和城市都遭受了同样的破坏。我的母亲玛乔丽·埃斯特尔（Marjorie Estle）是一个农家女孩，在没有电和室内管道的环境中长大。通常他们连买新鞋的钱都不够，更不用说其他奢侈品了。高中时，她挨家挨户地卖西红柿，每磅几美分，赚够了她在勒纳（Lerner's）商店买的第一件衣服的钱。她能上大学，多亏城里一位好心的银行家给了她父亲500美元。

我的父亲比尔·查普曼（Bill Chapman）是锡达拉皮兹市（Cedar Rapids）的一个城市孩子。他和我母亲是在一家医院的厨房工作时认识的，这份工作帮助他们支付上艾奥瓦大学的学费。父亲毕业后，他们结了婚，搬到了芝加哥，我父亲在那里开始了他在安达信会计师事务所（Arthur Andersen）的事业；当公司请他帮忙开设一个新办事处时，他们搬到了圣路易斯。我就是在那里出生的，在三个孩子中排行老二，是家里唯一的儿子。

我的童年在各方面都很平凡。我在密苏里州的中产阶级白领社区中一所有三间卧室的农场房子里长大。因为我父亲总是忙于工作，还经常出差，所以我和他的关系不太好。我和母亲以及祖父都很亲密。

学校假期的大部分时光我都在艾奥瓦州祖父的农场里快乐地玩耍和干活。我是普通高中里的普通学生，公立学校的教育从来没有激发过我的智力。我很少读无用之书，而且这样的书也不多。我最大的快乐就是成为戏剧和音乐剧的舞台监督，设计并组织团队搭建布景。如果你今天问我的同学对我印象最深的是什么，他们可能会想起我积极的态度。我是一个充满感染力的乐观主义者，有点像班里的活宝。

高中毕业后，我先是就读于艾奥瓦州的康奈尔学院，但很快转入规模更大的印第安纳大学，而在那里我仍然只是一名普通的学生。就在那时，我经历了人生中第一个严峻的时刻：大二的时候，交往多年的女友震惊地发现她怀孕了，我们面临着在20岁时就要为人父母的前景。

于是我们匆忙地计划在圣路易斯举行一个小型婚礼。此时，我觉得自己是个真正的失败者，因为我让所有人都失望了。我爸爸给我们买了一个小型移动房屋。当我所有的朋友都住在宿舍或公寓里，享受无忧无虑的大学生活时，我们却住在拖车公园里，直到两年半后我毕业。

我对妻子和孩子有一种巨大的责任感。几乎在一夜之间，我告别了曾经那个不负责任、成绩平平的自己，意识到一种新的目标感和专注力。我决心不让这次挫折定义我或破坏我。我的生活发生了翻天覆地的变化。我打了好几份工来支付我的教育费用和养家糊口，这是我人生中第一次认真对待学业。每个认识我的人都很惊讶，因为我从一个常年得C的差生蜕变成了全优的学生。最终，我以优异的成绩毕业，获得了会计学士学位。

能击垮我的东西造就了我。这是我生命中反复出现的主题。多少次我都可以承认失败，收起帐篷，向命运投降，但我从来没有。一种不屈不挠的意志一次次浮现，我总是反应迅速并采取行动，直面挑战，做需要做的事，从挫折中汲取积极的东西。

我父亲希望我获得一个法律专业的学位，成为一名税务会计师，但我对商业越来越着迷，想要更多地了解它。对我来说，它就像一项运动，有进攻和防守，有记分牌，有输赢，还有各种各样的“游戏”策略。我对企业如何创造价值产生了浓厚的兴趣。所以我决定留在学校，在美国最好的商学院之一——密歇根大学拿到 MBA 学位。毕业后，我接受了普华永道会计师事务所（Price Waterhouse）公共会计的工作邀请，这让我有机会接触各种各样的业务。我对商业模式很感兴趣，作为一名审计师，我在如何让企业运作方面拥有独特的优势。我发现自己有能力超越数字，可以清楚地看到公司面临的真正问题。

我当时没有注意到，很久以后才意识到，我接受的商业教育忽略了我的领导力会如何影响其他人的生活这个问题；相反，它着眼于如何利用别人来促进我自己的财务成功。我被教导成要把人看作是可以用来实现自我目标的职能和对象，而不是像我一样拥有希望、梦想、恐惧与抱负的成熟的人。我要花很长时间才能睁开眼睛，敞开心扉去面对那些我以前看不到或感觉不到的东西。

1969 年，我即将完成公共会计专业的第二年，父亲找到我，问我是否可以考虑加入他当时拥有的公司——百威勒。他见证了我从一个普通的高中生变成商学院的明星学生，见证了我第一次尝试就通过了注册会计师考试，见证了我在普华永道的出色表现。当我直面挑战时，我已经成熟得几乎不可思议，成为一个可以和他谈论生意的人。我们之间的关系已经完全改变了。

百威勒的历史可以追溯到 1885 年，当时托马斯·巴里（Thomas J. Barry）在圣路易斯开了一家机械工厂，为麦芽房生产运输设备。1899 年，巴里的姐夫、绘图员阿尔弗雷德·韦米勒（Alfred Wehmiller）加入了他的行列，并很快为安海斯–布希（Anheuser-Busch）发明了一个革命性的新型巴氏杀菌机。这一创新使啤酒厂能够将啤酒销往国外。百威勒机械公司得以迅速扩张以满足不断增长的啤酒工业的需要，并很快开始向世界各地运输设备。阿尔弗雷德·韦米勒于 1917 年去世，没有了他的创新和领导，公司停滞不前。1919—1933 年的禁酒令对公司的国内业务造成了几乎致命的打击，托庇于国际销售业务，公司得以勉强生存。在随后的几十年里，该公司在家族的领导下苦苦挣扎，无法开发新产品或进入新市场。

在安达信工作期间，我的父亲被派去审计公司。弗雷德·韦米勒（Fred Wehmiller）是阿尔弗雷德的儿子，当时正经营着公司，并与持续不断的财务挑战作斗争。他的银行要求进行审计，以便向该公司提供贷款。弗雷德以工程为导向，但无法培养出他父亲的那种创新能力，也不具备企业所需的领导技能。我的父亲有金融经验，愿意帮助领导企业，因此公司于 1953 年聘请他担任财务主管。我母亲无法理解他为什么要离开安达信会计师事务所，加入这个已陷入困境的家族企业。

市场的挑战和家族领导的局限性导致了管理团队的薄弱，父亲的责任迅速上升。20 世纪 50 年代中期，他获得了投资这家公司的机会。他借了 3 万美元，买了少量股票。1957 年，弗雷德·韦米勒去世了，整个韦米勒家族邀请我父亲担任董事长。他们急于卖掉公司，请他找个买主。然而，外部投资者几乎没有任何兴趣。这次尝试失败后，一位贷款人找到我的父亲，承诺提供足够的资金，以便买下韦米勒家族的全部股份。这将使我父亲获得公司的控股权，持有剩余的 57% 股份。在接下来的 10 年里，随着高管们的退休，他们持有的公司股票也退出了，我们家族的股票也逐渐上升到 20 世纪 90 年代的高点。

这也意味着我们家族拥有一家几乎一文不值的公司近 100% 的股份。公司本已疲弱的财务现状，因收购韦米勒家族背负的债务而再次雪上加霜。我父亲试图让企业多元化经营，但他进行的小规模收购不仅分散了管理的注意力，还增加了财务的不稳定性。仅几年，这家公司就濒临破产的边缘。我的父亲寻找了一个战略投资者来挽救它，但尽职调查后，该投资者拒绝了投资并自信地预测，公司将在 30 天内破产。不知何故，它设法活了下来，但百威勒却永远活在生存模式中，对如何创造一个更好的未来缺乏关键的能力或愿景。

我父亲可以信任的人

公司的两名管理人员——财务副总裁和生产副总裁，他们拥有少量的股票，已经秘密地试图寻找别人购买公司。当我父亲发现苗头时，他深感遭到了背叛。因此，他的反应是每天早上去收发室，在那里和他的秘书打开每一封寄到公司的邮件，寻找不忠的证据。他的秘书偶尔会把公司里流传的闲话和近况告诉他。我父亲不再相信他领导的团队，这就是为什么他让我考虑加入公司。他不知道除了作为一个他还能信任的家庭成员之外，我还能扮演什么角色。

鉴于“家族企业”将长期处于危机状态，我从未认真考虑过要加入它。我在公共会计专业领域即将进入第三个年头时，而我的客户一直未曾改变。年复一年为同样的客户工作已经变得无聊透顶，所以我愿意重新考虑父亲的提议。母亲担心我和父亲之间的这种新安排，因为我们过去的关系很差。为了让这段感情继续下去，他和我建立了一个共识：如果有什么事困扰了我们中的任何一个，我们都会坦诚相待，并立即进行讨论。由于我没有取代任何人——我父亲只是想要一个他可以信任的人，所以我进入百威勒集团时，完全可以灵活地定义我的角色，并塑造我职业生涯的轨迹。

当我加入百威勒时，我的父亲只有 54 岁，他看上去很健康，尽管之前有过两次心脏病发作。然而，公司的困境以及与韦米勒家族的关系一直困扰着他。当我加入公司的时候，他在我能处理事务的第一时间就把责任交托给我。他会说："鲍勃，我们的客户服务有问题，你能去解决一下吗？"他让我担任的其他职位包括工程联络员、国际许可协议管理员、财务分析师以及财务副总裁。我开始理解业务中各个职能部门之间的相互作用以及每个职能部门面临的挑战。几十年来，这家公司一直受到财务困难和领导力失调的打击，而且缺乏创新，它迫切需要革新思路。我喜欢每一个新的挑战，考虑到公司的现状，在我所从事的领域创造新方法相对容易，也相当值得。

与生俱来的求知欲和丰富多样的经历帮助我迅速成长为一名领导者。我切身体会到各个业务职能部门如何创造价值以及它们是如何相互依存的。父亲不断交给我更多的责任，我很快获得了作为一个领导者的信心。我的热情与成就给了父亲安慰和作为父亲的无比自豪感。

在我的领导生涯中，当父亲对我说："我们的工具和模具领域正在赔钱。你去看看能否扭转局面，可以尝试跟我说过的一些想法。"于是，我从项目工作转到经营一个只由 12 人勉强维持的费尔克拉夫特制造公司（Faircraft Manufacturing）。几年之内，我通过引入检测产品线的电子设备，将其转变为一个不断增长的电子业务。

1975 年 10 月的一个晚上，我和父母在当地一家餐馆共进晚餐。到那时，我和父亲已经一起工作了 6 年。他心情很好，在晚餐结束时对我说：“鲍勃，我决定任命你为执行副总裁。你已经在运营公司了，你的头衔应该反映出这一点。”

对此我并不感到惊讶或不知所措。那天晚上我父亲所做的就是承认我们都知道的事情，这是合乎逻辑的下一步。他为我在百威勒的每一个角色中都能承担起责任并表现出色而感到骄傲。那时，我对自己在这家陷入困境的公司所取得的成就感到相当满意。

我父母第二天早上就要出发去参观我们在澳大利亚的合资企业。在去机场之前，母亲让父亲给一个在教堂的朋友送点东西。但刚到他们家，我父亲便因心脏病发作，昏倒在地不辞而别，时年 60 岁。

当接到父亲去世的电话时，我悲痛欲绝。我父亲把他的一切都献给了事业，牺牲了自己的健康和内心的平静，来应对和领导一家长期以来苦苦挣扎的企业所带来的巨大压力。他付出了最大的代价，英年早逝，留下一家仍处于不稳定状态的公司。

我几乎没有时间悲伤，企业需要我的关注。当时我刚满 30 岁，马上就当上了 CEO 兼董事长，全身心地应对这个挑战。幸运的是，父亲设立了一个投票信托基金，由我作为继任受托人，这让我拥有了 90% 的投票权。这是父亲送给我和家族的最好礼物。这使我产生了一种深切的责任感，要像他希望的那样去关心这个家族企业。我深受激励，想要为了我们的家族和我父亲的遗产，让公司有所成就。

当我父亲去世的时候，百威勒大约有 1 800 万美元的营业收入，两三百万美元的债务，亏损 47.7 万美元。它雇用了不到 400 人，在生产和工程领域有三个工会。

一个月后，我还在逐渐适应担任首席执行官的感觉，银行的信贷员走进办公室对我说："你父亲去世了，我们想请你偿还我们的贷款。"

领导力的考验

我还未从父亲突然去世的打击中恢复过来，还在努力应对新的责任，银行提前回收贷款的消息对我来说不啻于沉重一击。这是我从未经历过的逆境。但是，就像 10 年前我女朋友怀孕时一样，我变得非常关注生存，对自己说："我不会走下坡路的。"我用双手抓住了公司，控制了财务，削减了成本，让公司有了前所未有的专注和强度。

结果是，在我父亲去世的 9 个月后——当时公司已经进入财务年度的第三个月——百威勒创造了公司历史上最好的一年：销售额为 2 200 万美元，利润为 220 万美元。我们的收入增长了 20% 以上，使公司从边际信用风险转变为可以偿还债务，业绩比以往任何时候都好。

我决心不惜一切代价削减成本，实现我们的预算。例如，我去找工厂的生产主管，问他："你们有多少加急单？"

他说："8 个。"

我说："我们只能有 4 个。"

他说："不，你不明白，我们需要 8 个。"

我回答说："你不明白，我只能买得起 4 个，所以只有 4 个。"我并没有过多考虑这其中的人力成本。我唯一关注的是偿还债务，让公司盈利。

随之而来的是一个好消息和一个坏消息。好消息是，公司还清了债务，创造了历史上最大的利润。坏消息是，我在 30 岁时就开始变得过于自信。市场在改善，销售在增长，国际业务变得越来越强大，而国内仅存的竞争对手还在为生存而挣扎，我似乎可以点石成金。随着我们财务业绩的改善和健康增长，公司吸引了一批新的银行为我们提供资金，以支持我们的增长。

我们的增长在一定程度上是由市场动态驱动的，市场动态最终朝着有利于我们的方向变化。几个州最近提出了可回收瓶子的立法，于是我们的客户再次对洗瓶机感兴趣，而我们是唯一能够生产价值数百万美元的大型洗瓶机的厂家。与此同时，安海斯 – 布希公司和米勒公司（Miller）正在激烈地争夺传统的市场份额，帕布斯特（Pabst）、施里茨（Schlitz）和其他较小的竞争对手正逐渐走向死亡。我们为安海斯 – 布希公司和米勒公司供货。因此，我们开始迅速发展这几年一直在下滑的传统业务。

当我们的传统市场正在经历前所未有的增长时，我认为也需要投资新技术。我雇用了一个曾在美国国家航空航天局（NASA）任职的工程师，他之前的工作是利用太阳能为航天飞机加热。在他的帮助下，我们开发了一种可以加热巴氏杀菌器的太阳能系统。安海斯 – 布希为杰克 – 森维尔（Jack-sonville）酿酒厂购买了第一套系统。由于美国正经历着能源危机，它成了一个备受瞩目的项目。

我强调为增长奠定基础、进入新市场和开发新技术，这预示着令人兴奋的前景。在回收的瓶子清洗完毕后，还必须执行检查流程，以确保瓶子是干净且没有缺陷的。我们的工程师想出了一个新型电子检查系统来取代人工检查。丹麦的嘉士伯啤酒厂（Carlsberg Brewery）购买了一个样机，并计划装备所有的生产线。对我们来说，这似乎是一项巨大的新业务。我们还与一家意大利公司启动了一项计划，根据许可协议，生产和销售它的灌装机。这些灌装机是为饮料行业灌装和密封瓶子而设计的。

太阳能杀菌器、洗瓶机、电子检查系统、灌装机——每一项举措似乎都有很大的发展前景。在经历了几十年的停滞之后，带领这家近百年的公司进入一个新市场的动态增长期，这的确令人振奋。公司的收入急剧攀升，从父亲去世时的 1 800 万美元跃至 5 年后的 7 100 万美元。

我们当时的高级运营主管吉姆·威廉姆斯（Jim Williams）对那段日子记忆犹新："我们没有什么竞争对手。我们积压了 18 个月的订单。顾客来找我们，想要我们的机器，我们会告诉顾客必须排队等候。这对百威勒来说是荣耀时刻。我们认为这是一条会从图表中跳出来的增长曲线。"

我们在世界各地招聘员工，由于公司惊人的增长，已经成为圣路易斯的热门话题。媒体、客户甚至银行——似乎所有相关方都喜欢我们！银行家一直在说："鲍勃，你一定要告诉我们你需要多少钱，这样我们才能支持你的发展。"在利率处于历史高位时，他们让我们很容易为增长融资。

那是激动人心的时刻。但是，从停滞走向快速增长的过程如此迅速，在某种程度上，它可能和走另一条路具有同样的挑战性。所有的大公司都相信我们的计划，用它们的钱投票。但我们的组织已经几十年没有发展了，而现在正处于快速发展期。这是一个非同寻常的变化，也许我们还没有完全准备好。

大灾变

我以 35 岁的年纪，因为振兴了一家已经有 95 年历史、停滞不前的公司而在业界和社会声名鹊起，而这家公司现在正经历着巨大的增长，并在开发令人兴奋的新技术。银行家们踊跃为我们的增长提供资金。虽然我们的收入在增长，但这些举措需要大量的投资，而公司的盈利能力没有我预期的那么快。我们的债务大幅上升，尽管这对当时的银行家来说似乎不是问题。

如果有人质疑我们许多增长计划的逻辑，我可以为每一个计划的优点辩护。但当你突然拥有多个增长平台时，脚踏实地可能是一项艰巨的挑战，累积的风险会变得难以承载。在我们快速增长的巅峰时期，我聘请了一位战略顾问来帮助我管理这些增长平台，并决定我们可以深思熟虑地把组织带到哪里去。顾问却告诉我，我们正走向悬崖。然而，我对每一个增长计划都非常着迷，所以拒绝接受这个结论。

结果证明这位顾问是对的。在我们的历史业务中，我们向酿酒行业销售设备的速度远远超过了啤酒消费的增长速度，因为生态运动的推动（这大大增加了对可回收瓶子的需求，从而增加了对我们的洗瓶机的需求），以及我们行业内最大的客户以兼并小公司为代价获得了市场份额。需求很快出现了调整，不断壮大的啤酒厂开始收购衰退的啤酒厂，而不是购买新的设备。与此同时，我们每一项基于技术的增长计划都遭遇了挑战：太阳能电池板开始有点变形；丹麦的电子检测系统运行良好，但并没有发现所谓的缺陷，所以嘉士伯工厂决定不再使用它；灌装系统开始出现性能问题；订单开始减少，我们的保修和开发成本开始上升。

我们在管理和资产负债方面面临前所未有的挑战，这些挑战很快就变成了每天关注的焦点，以应对突如其来的逆流。我们不得不缩减开发这些市场的团队。我们所有的增长都是通过债务融资促成的，已经成为一个借款大户。我们已经从零债务变成负债 2 200 万美元，并且要支付 22% 的利息，因为当时的最优惠利率是惊人的 20%。银行非常喜欢，一直说："鲍勃，一定要告诉我们你需要什么，这样当你需要的时候，我们就会帮助你。"但这些债务开始让我感到焦虑不安。

所有这些加起来就构成了一场重创我们的金融海啸。到 1983 年，如下几个因素累积起来：保修成本上升、库存减记以及成本超过收入（收入从 7 100 万美元的峰值回落到现在的 5 500 万美元）。1983 年 10 月，我跟银行家说："财务团队刚刚告诉我，由于保修成本和库存减记方面的一些问题，我们将损失大约 300 万美元。"

他们说："鲍勃，谢谢你告诉我们，我们很感激你的提醒。只是要确保你明白发生了什么，这样你才能解决它，帮助我们理解。我们认为你是我们的顶级客户之一。"

一周后，首席财务官来找我说："安达信会计师事务所发现了更多库存和汇率问题，损失将是 500 万美元，而不是 300 万美元。"我对银行家如实告知。银行家说："我明天打电话给你。"

一周前还说我是银行顶级客户之一，第二天却打电话对我说："我们要冻结你的信用额度，希望明天就把钱都要回来。"

我觉得被背叛了。我是一个经常交流的人，当我们快速发展时，银行家就在我身边，我让他们充分了解情况。他们从来没有质疑过我，而是明确表示他们完全支持和鼓励我们的成长。

当你沉迷于容易到手的钱，这些钱却突然间成了泡影，而此刻你还没有准备好。这令我们立即陷于危机状态，因为不知道能否在下个星期五向供应商付款或发出工资——这对任何企业来说都是一个令人痛心的前景。

领导者总是需要果断而迅速地采取行动，特别是在危急时刻。当我从父亲那里接手公司的时候，我还很年轻，觉得自己知道的不多，所以我雇用了聪明的人，试图通过共识来领导，但新上任的高管们都希望朝不同的方向发展。这次当银行向我施压时，我改变了。我学会了果断，相信自己的判断，做出最好的决定，并立即付诸行动。

当你每周不得不靠搜罗的现金生活时，你的优先事项就变得非常简单：必须确保你有足够的钱来支付工资。就像男人无法想象生孩子的感觉一样，没有经历过的人也无法想象不知道能否为别人的工作支付报酬是什么感觉。想到这么多人依赖我，而他们的生计现在面临危险，我感到非常痛苦。当我们的主要银行突然冻结了我的信用额度时，我立即联系了另一家银行——在那里我们有 100 万美元的可用信用额度，并将这些现金保存在一个单独的账户里，以防需要用它来发工资。我决定不把它用于任何其他目的。

过一天算一天

我在这段时间得到的最大教训是，良好的现金纪律至关重要。我们每天靠回收货物的应收账款度日。对于仅有的那点现金，首先要做的是发工资，然后支付供应商的账单，这样才能得到生产所需的原材料，才可以装运机器，并获得更多的现金。

从1983年10月开始的九个月里，银行几乎就像拿枪指着我们的头，威胁说："现在就还钱。"社会和业界口碑开始对我们不利，因为镇上的每一家银行都知道我们被贴上了不合格信用风险的标签，也对许多供应商拖欠了相当多的款项。这很丢脸，尤其是在我们经历过高调的增长年份的欣欣向荣之后。在这段时间里，我经常和律师开会讨论是否可以宣布破产。我们的首要任务很简单：无论如何，我们必须想办法生存下去。

在这紧张的九个月里，我召集团队在周六早上开会，试图让大家冷静下来。很多人选择离开公司，我们也让其中一些人离开，因为必须缩减成本结构。开个玩笑，电梯只往一个方向走——下行。我说："会议开始前大家都喝杯咖啡怎么样？"首席财务官看着我说："供应商刚收回了咖啡机，因为我们已经九个月没有付款了。"

好吧，反正我也不喜欢那咖啡！我说："我出去买杯咖啡，马上回来。"

我的积极态度是不想让现存环境影响我的职业或个人生活的关键，所以我转变成果断的领导风格，使我能够处理每天的现金短缺危机。我的家人从来不知道危机的严重性，因为我从未把这些东西带回家。甚至不记得自己曾经那么担心过未来，尽管它有时确实显得暗淡。

尽管处境艰难，但我们还是成功地度过了那段时期，没有丢失一份工资单（没有裁员），所有的银行家和供应商最终都收到了回款。在那段没有现金的日子里，我学到的东西比银行让借款变得容易时学到的还要多。

在九个月的失望和拒绝之后，当试图重新偿还我们的债务时，芝加哥的一家银行提议为我们安排一笔资产基础贷款。我把它比作在小巷里向一个穿着深色西装、拿着信封的家伙借钱，就像有人拿手一直绕着你的脖子，但这总比没有好。我看到了新的希望，我们可以避免破产，为公司创造未来。

第二章

开始收购之旅

我逐渐相信，最好的商业策略是有机增长[①]和战略收购相结合，但收购可能具有挑战性，而且大多数收购都达不到预期。我受到圣路易斯艾默生电气公司（Emerson Electric）首席执行官查克·奈特（Chuck Knight）的影响，他在成熟的市场中通过大量收购，成功地壮大了自己的公司。

1984 年，随着脆弱的新融资到位，人们敏锐地感觉到公司近百年的历史与未来基本无关。我去了财务部门，说："我们需要开始进行收购，这样才能进入可以给我们带来更美好未来的市场和技术领域。"

他们非常专业地看着我说："鲍勃，这是个好主意，我们只有一个问题。"

我说："那是什么问题？"

他们说："我们没有钱，你明白吗？我们没有钱。"

这对我来说是一个决定性的时刻。我看着他们说："不要告诉我我们不能做什么。我没告诉你我们需要钱，只是说我们需要进行收购。"我没有被"没有钱"这一事实吓倒，而是去寻找可以收购的公司。

---

① 有机增长是指公司依托现有资源和业务，通过提高产品质量、销量与服务水平，拓展客户以及扩大市场份额，推进创新与提高生产效率等途径，获得销售收入及利润的自然增长。——译者注

当你没钱、没经验、没信誉的时候，你会买什么呢？你只能买别人不想要的东西。我去了贸易展览，寻找收购对象。我的第一个目标是科罗拉多州丹佛市一家处境艰难的电子检测公司。我们有钱的时候曾考虑过，但当时因为它太贵而放弃了。不过现在该公司在南非新东家的领导下表现不佳。我走过他们的展位，说："嘿，收购的事怎么样了？我记得你们曾经出售过这家公司。"

他们说："进来和我们谈谈吧，我们又要出售了。"

我去丹佛开了个价，开始谈判我的第一个收购。对我来说幸运的是，负责出售该公司的南非公司高管托尼很喜欢我，并认为我的出价是合理的。但另一家公司已经提出收购要约，南非的母公司更愿意接受前者。但因为托尼喜欢我，所以他给了一个机会，好让我们赶上别人的出价。我们找到了一种方法来做到这一点，同时仍能获得所需要的回报，以证明我们的报价是合理的。买下那个公司后，我们将它与我们在佛罗里达的电子公司合并。我们把两家销售额在 300 万至 400 万美元的破产公司合并起来，在三年内创造了一个 3 700 万美元的高盈利公司。

当我向董事会提交第一个收购项目时，他们对我极度缺乏信心。尽管我控制着有投票权的股票，但我仍然非常尊重董事会。我们的高级董事鲍勃·拉尼根（Bob Lanigan）曾是世界上最大的玻璃公司欧文斯－伊利诺伊（Owens-Illinois）的董事长。他说："我们董事看了这个收购项目，认为它很适合你们。但我告诉你，鲍勃，在欧文斯－伊利诺伊，这是我们称为'押宝'的交易。我们会支持你，但如果失败了，一切都结束了，因为我们没有犯错的余地。"

百威勒由此开启了如果失败便意味着死亡的收购之旅。这激励我们更加专注于让我们的收购能够发挥作用！

伦敦意外之财

到 1986 年，我们又进行了几次收购，主要是在英国。我们的经营强度正在推动业绩的改善，但随着酿酒行业产能的整合与合理化，我们的传统业务仍在艰难前行。英国公司领导层对我们持续脆弱的财务表现感到担忧，于是提出了一个激进的想法。他们看到了一个机会，从我们的收入中拿出 3 500 万美元，其中大部分来自英国，然后让这批企业在伦敦的二级市场上市。

创造为这家新公司吸引公众投资者的基础，将会是一个巨大的挑战。但考虑到我们与银行打交道的经验以及与新银行家之间持续存在的问题，我们觉得值得赌一把。如果成功了，就可以用收益来偿还债务，同时在银行还会有大约 200 万美元的存款。我们仍将持有这家在美国举步维艰的百年企业，因为它不属于公开募股的一部分。

对我来说，前景就像天堂一样。我把注意力转向了公开募股的过程。我们收购的这些陷入困境的小型企业在被合并后，可能被视为有价值的。这似乎很荒谬，但值得一试。从 1986 年 10 月到 1987 年 5 月，我唯一的重点是确保投资银行家所描述的日出企业和日落企业可以合并，能够获得每一个机会来创造价值和提高收益质量。

首次公开募股（IPO）于 1987 年 5 月进行。我们最终在伦敦证券交易所上市，而不是在二级市场。令人震惊的是，这次发行获得了 35

倍的超额认购——人们用 11 亿美元现金购买了价值 2 800 万美元的股票！我简直不能相信所发生的一切。当董事会看到这一惊人的成功时，他们说："我们从未见过这样的事情。你收购了一些没人想要的公司，并深思熟虑地将它们组合在一起。你扩大了计划，使这些组合对市场更有吸引力。令人惊讶的是，它确实对市场有巨大的吸引力。"

哈佛商学院做过一个关于公开募股的案例研究。我从这一系列的经验中收获的是，你可以在成熟的市场中通过结合强度和灵感来创造价值。我们不是通过传统思维得到这个结果，而是财务状况的不稳定激发了非传统思维的动机，并带来任何人都无法想象的结果。

我从 1975 年到 1987 年所经历的一切——我父亲的去世，银行巴结着我，公司快速发展，然后我们的增长计划崩溃，银行突然失去信心，我们通过收购来发展业务，最后策划了一个非常成功的公开募股——这是一段惊人的经历。这也是一场火的考验，一场戏剧性的、有时也会令人痛心的过山车之旅。我们从不愿意在公司公开募股前一天以任何利率借钱给我们的银行的"瘟神"，变成了突然拥有 2 800 万美元现金的银行大客户。

这是一个令人兴奋、惊奇、庆祝和沉思的时刻。现在我终于有机会在危急的环境之外思考和行动了。我们所面临的挑战塑造了我。现在我脑子里的问题是："我们该如何明智地利用这笔钱和我们所学到的一切，来为这家公司打造一个强大、安全的未来？"我再也不想坐过山车了。

看到别人看不到的价值

上市成功后的传统做法是，我们利用上市所得的 2 800 万美元现金，在更好的市场中寻找拥有良好技术的企业以支持增长。考虑到我们自 1983 年以来日复一日靠现金生存、被视为信用不良客户的惨痛教训，我决定花点时间反思一下我自 1975 年父亲去世以来的经历和经验。我知道在经历了戏剧性的成长、痛苦的衰退以及公开募股的惊人结果后，我们会学到很多东西。我发起了与领导团队的一系列对话，通过这些丰富的学习经验，我们设计了一个理想的包装机械公司的愿景——一个在市场、产品和技术之间拥有良好平衡的公司。我确信这将使我们避免重蹈覆辙。

我们寻找那些在 20 世纪 80 年代经历过类似问题的公司。我们有信心能够像解决自己的挑战一样解决它们的挑战。在资本行业很容易找到这样的公司，那里曾经有很多困顿的企业，现在仍然也有很多。幸运的是很少有买家会对这些公司感兴趣，因为大多数人更喜欢购买财务状况良好的成长型公司。

自 1987 年以来，我们进行了 74 次收购（数量还在增长中），其中可能有 60 次是挑战型的公司。在实施这一独特的战略时，我们保持了即使在最糟糕的时期也能表现出的积极态度，并在成长过程中继续学习。现在我们有了金融稳定的好处。这一策略使我们在 16 年的时间里为投资者提供了超过 16% 的复合回报率——这是一个比肩传奇的伯克希尔 - 哈撒韦公司（Berkshire Hathaway）同期的价值创造纪录（见图 2–1 和图 2–2）。

我们成功的一个主要关键是：我们用非传统的思维去识别传统思维无法识别或收获的价值。任何人都可以看到在不断增长的市场中拥有良好管理、良好技术和良好创新运作的公司的价值。我们寻找可以通过我们的行动创造价值的公司。接手一家可能会倒闭的

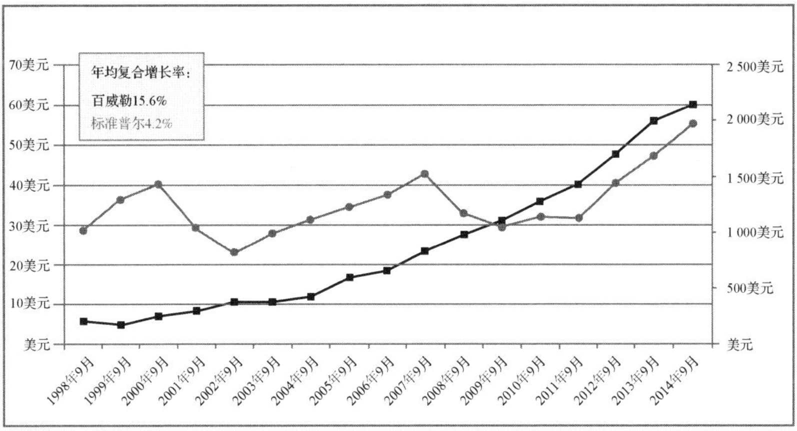

图 2-1 股票价格趋势：百威勒 vs. 标准普尔 500 指数

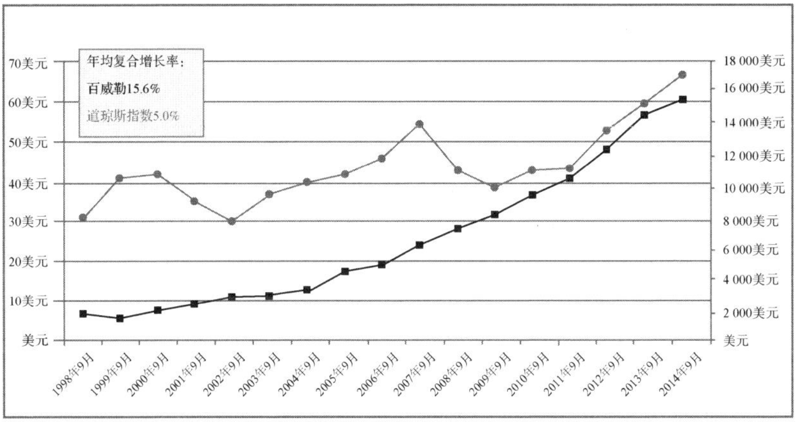

图 2-2 股票价格趋势：百威勒 vs. 道琼斯指数

公司，然后把它打造成一个充满活力、盈利、持久的公司，是一件非常令人满足的事情。随着我们在每次收购中迎接新的挑战，在危急时期形成的独特价值驱动因素也在不断演变。

气压秤公司（Pneumatic Scale）是我们第一个重要的收购目标，收入为 3 000 万美元。它是一家上市公司，总部位于马萨诸塞州昆西市，是一家有百年历史的企业，最初它的产品用于在小杂货店里称量食物，后来发展成制造灌装机器。1989年，它正在与我们曾经面临和克服的类似挑战作斗争，并经历了严重的财务困难。虽然老板们对出售公司不感兴趣，但我很有信心利用我们的经验帮助该公司扭转颓势。我们通过敌意收购方式收购了这家公司，这也是我们唯一一次这么做。

这是上市后一系列收购中的第一次，每一次收购都有一个独特的故事。我们现在有10个运营部门，将收购业务集中在这些部门。我们将继续提升我们的价值驱动因素，并获得更多的信心。我们早期的计划只能考虑非常有挑战性的公司，再加上我们的财务脆弱性，为一种独特的、随着时间的推移不断发展的收购方式播下了种子。毕马威（KPMG）的数据显示77%的收购未能达到目标，而我们的记录正好相反。虽然一些收购没有达到预期目标，我们仍在继续通过每一次经历学习和磨炼技能。我们对所收购的每一家公司都有承诺——从未出售过任何一家公司。再加上我们在有机增长方面的加速技能，这一承诺使我们能够在成熟的全球市场创造卓越的价值纪录。

商业的人性化

在百威勒，我正在应用我在商学院学到的知识，并通过我在商业领域的经验加强这些知识。当哈佛商学院对我们的上市进行案例研究时，我受邀到商学院演讲，谈的都是关于战略和在其他人看不到的地方发现价值。

与此同时，我致力于做一个好父亲，努力学习同样强度的育儿技巧。在经历了12年的婚姻和养育了3个孩子之后，我离婚了，再婚后进入了“她的、我的、我们的”这种处境，这给我带来了一系列独特的挑战。当我和妻子辛西娅（Cynthia）把我们的家庭团结在一起时，我们非常认真地承担起抚养6个孩子的责任。我会参加青年总裁组织的活动，在那里大多数人都在谈论市场策略或银行业务，而我却对如何拥有更好的婚姻和成为好父母的课程更感兴趣。

我把我的工作和家庭生活看作是两个独立的挑战，我不认为做一个好丈夫、好父亲的承诺和成为一个好的商业领袖之间有任何联系。在我的成长中，人性的一面局限于我的个人生活，我努力成为托付给我的生命的好管家。但在工作中，我继续把人主要视为物体和职能。我认为自己是一个好人和乐观主义者，但在商业方面我却以金融为导向，完全关注衡量成功的传统标准：利润、金钱与权力。为了赚钱，我做了必须做的事——削减成本、裁员、关闭工厂、不担心人为后果。毕竟，这些“不是私事，只是公事”。

我生命中的这两个方面的融合开始于另一次收购。1997年，我们从比米斯（Bemis）公司收购了三家总收入高达1.1亿美元的公司，这无疑是我们历史上最大的一次收购。海森（Hayssen）是三家公司中最大的一家，收入规模约为5 500万美元。我们认为这是一个重要的机会，可以使公司的业务多样化，并拥有新的包装形式和进入更美好的未来。这将使我们的收入从1.1亿美元增加到2.2亿美元。

海森在软包装方面有着悠久的历史。它经历了有关全球竞争和失去市场份额的挑战，导致财务业绩不佳。该公司拥有庞大的机械安装基地，服务于全球市场。我最初关注的是客户服务领域，因为我觉得改善服务可以为现有客户更好的未来打下基础。

在我们入主海森的第一天，我去了南卡罗来纳，看看如何开始重建公司。早上 7 点半左右，我正在喝咖啡。咖啡区也有别人，我和他们互不相识。那是 1997 年 3 月，他们正在谈论“疯狂 3 月”（美国全国大学生篮球季末锦标赛）：哪支队伍赢了，他们是怎么下注的，下注的球队表现如何。不管是赢了 5 美元还是输了 20 美元，他们玩得都很开心。

我对某个特定的队伍或结果不感兴趣，但被他们的肢体语言打动了。他们都兴致勃勃，房间里回荡着喧闹的欢笑声。但我注意到，时间越接近 8 点，他们的热情和喜悦就消退得越快。他们开始塌下肩膀，脸色也严肃起来。一想到要“开始工作”，他们似乎都有点垂头丧气。

我记得当时想：“这太可悲了。为什么工作不能有乐趣呢？”我们准备了这么多年，也接受了昂贵的教育，在找到第一份工作时感到兴奋。但没过多久，兴奋感就消失了，我们的活儿变成了“工作”。人们在享受乐趣的时候是如此快乐、充满生机和活力，为什么工作的时候就不能这样呢？

我沿着走廊走到会议室，在那里我要会见客户服务团队，他们负责向现有的客户销售备件和服务。这是一个没有议程的会议，只是让我们了解彼此和分享想法。但此前我看到那些人玩得很开心，思绪就一直萦绕在我的脑海里。会议刚开始不久，我不由自主地提议：“让我们来创建一个比赛吧，每周卖零件最多的人会赢。如果团队完成目标，那么这个团队也赢了。我不是事先想的这个主意，也从没见别人这样做过。”

很快有人回应：“查普曼先生，你不明白，这个办法在这里行不通。你知道，我们经营不同的市场，比如一些人经营鲜乳制品市场，另一些人经营休闲食品市场，等等。”

我说：“好吧，让我们试试这个。从现在起，每个人都尽其所能处理一切，接电话的人也可以接受订单。”这让他们感到不安，因为这太不一样了。他们提出一个又一个反对意见来说服我这行不通，但我对每一个问题都能给出一个好答案。

尽管他们心存疑虑，我们还是发布了这个比赛项目，包含个人因素和团队因素。如果你在一周内卖出最多的零件，你就能得到 100 美元。如果团队实现了目标，团队中的每个人都能得到 100 美元。这意味着每个人都想赢，但他们也会因为帮助自己的团队获胜而感到自豪。这笔钱足够激励人们赢得比赛，但又不足以让任何人在落后时失眠。

13 周后，也就是第一季度末，我再次与团队成员坐下来。销售额增长了 20% 以上！我问道：“我不明白，这是发生了什么？订单怎么会增加这么多？如果有人打电话说需要一套装备，他们不会买两套的。请帮我解释一下。”

他们的话让我大开眼界，成为我领导生涯中的又一个里程碑。一位年轻人说：“如你所知，查普曼先生，你会认为过去能拿到一个大订单是件好事，但我们不这么认为。”

我说：“为什么？”

他说：“嗯，当接到一个大订单时，你就必须把订单转化成书面文件，你必须做调研……要做很多很多的工作！但现在，因为这场比赛，我们把每一个订单都看作是一次获胜的机会，我们喜欢它。”

另一位年轻人说：“我们在客户服务部门工作。当电话铃声响起的时候，通常是有人要求我们做些什么，或者是抱怨我们没有发货，再或者是要求我们做力不能及的事情。我们会低着头，尽量让自己看起来很忙，希望其他人能接起电话。但现在，因为这个比赛，我们要去找总机接线员，问她是如何决定谁接谁的电话。客户再也不用听我们的语音信箱的自动应答了，而是听到了我们的声音。他们会说：‘哇！你们那边发生了什么？’”

一位年轻女士说：“以前，当我们需要工程部录入东西时，我们会先填一张表格，然后把它发给工程部，他们给我们回复后，我们再给客户回电话。现在，因为想着要实现目标，我们会主动走到工程部门说：‘你能马上给我一个答案吗？让我们可以更快地回复客户。’客户说：‘我真不敢相信你这么快就给我回复了。’”

与团队成员的此类对话为我们的业务关键价值驱动因素提供了惊人的洞察。当人们开始享受自己的工作乐趣时，我看到了他们客户服务技能的转变和产品线的增长。我得到了我在管理课程或领导生涯中从未有过的洞察。员工们每天都玩得很开心，无论是个人还是集体，都在努力迎接实现目标的挑战。他们每天都知道比分是多少。它变成了一种游戏，而不是工作，人们开始充分运用他们的天赋技能并茁壮成长。

这个简单的游戏理念创造了乐趣、目标感和友情。获胜给了人们心理上的满足，也给了人们认可和奖励，努力工作和挑战变得更加有益和有趣。我们看到了行为和态度的变化。人们更喜欢彼此，互相帮助赢得胜利。他们更快乐，更投入，有更加强烈的成就感。

当公司在客户服务方面遇到问题时，典型的反应是让咨询公司与团队成员合作，并教他们如何更好地服务客户。我们没有给他们提供任何培训，只是设计了一个比赛，他们天生的技能就浮出了水面，因为他们在享受乐趣。他们不是按照要求去做，只是很自然地按赢的方式去做。猜一猜发生了什么？客户非常高兴，因为他们得到了更好的待遇、更快的服务、更快的回答以及更好的跟进。

一些疑虑持续了一段时间："嗯，问题是有些人可能会作弊。假设周五有一笔大订单，如果他们已经拿到了10万美元，他们就会等到星期一才让它进入，这是作弊。"我说："那不是作弊，那只是聪明的游戏规则。让他们在星期一早上把它放进来，这样做对公司没有任何影响。"

人们互相击掌，有些团队甚至设置了电子显示屏，这样每个人都能看到比分。团队成员们开始分享他们的分数，甚至和自己的家人分享，家人也为他们加油，并在他们回家时询问他们的分数。

为什么体育比赛有记分牌，而商业却没有？如果每个人在任何时候都知道分数是多少，自己的表现如何以及他们的团队表现如何，这不是很好吗？你会看到篮球运动员在比赛中一直抬头看记分牌，因为他们想知道比分是多少。如果我们落后了，我们就需要采取与领先时不同的策略。但在公司里，我们通常不知道自己的行为会产生什么影响。大多数人直到年终总结时才知道自己做得如何，那时我们会给他们"建设性"的反馈，告诉他们本可以做得更好的10件事。

这一经验告诉我，我们员工的创造性天赋正受到传统"管理"做法的压制。我们设计了一种简单的领导技巧，激励他们作为个人和团队成员充分展示自己的天赋。我们的学习来自和他们的交流，并询问："你对这些项目有什么看法？它们是如何改变你的工作方式的？"人们反馈给我们的东西太棒了！

我们决定把这一经验推广到巴尔的摩的另一个部门，在那里发生了同样戏剧性的变化。当我走进来时，看见前门的牌子上写着："致力于我们客户的成功。”我对主管客户服务部的副总裁说：“我想见见你们的客户服务团队。我能找到什么？”

他说：“你会找到一群愤怒的人。”

我说：“我只是看到了前门的牌子上面写着‘致力于我们客户的成功’。你怎么能让一群怒气冲冲的人待在客户服务部？”

然后他做了一个经典的管理声明：“嗯，鲍勃，你知道的，我们可能需要淘汰他们中的一些人，但我们只是没有时间这么做。”

我说：“让我见见他们。”在南卡罗来纳州的经验让我现在对这个项目相当有信心。我和团队成员坐下来讨论，意识到副总裁对这个问题的描述太过低调。这是一个功能失调的小组，很明显，他们不喜欢彼此，也不喜欢自己的工作。太糟糕了，他们甚至低着头，不敢看我一眼。

我说：“伙计们，我们已经学会玩这个比赛了。这对我们的客户有好处，你们也会玩得很开心。”但他们无动于衷。

第一周的比赛非常艰难，因为他们调整了个人的考核与比赛规则。人们互相指责对方偷窃订单。我们在激励机制上做了一些细微的调整，例如你一天卖出 2 万美元以上，你将获得额外的 25 美元，因为你是在一天内完成的。一个团队成员的态度特别糟糕，她似乎根本不喜欢自己的工作。更糟糕的是，她已经连续几天错过了 2 万美元的大关。有一天她又接近了 1.9 万美元。出乎意料的是，另一个客户服务代表说：“看，我刚接到这个价值 2 000 美元的订单。如果我让给你去参赛，这样你今天就能完成 2 万美元了，如何？”这对她来说是一种改变：有人关心她，这样她就可以赢得尽管奖励很小的每日奖。在这样的激励下，再加上适度的指导，团队开始了从愤世嫉俗向热情的转变。收入开始显著增长，文化也开始蓬勃发展。

当人们知道自己的目标时，他们就会被激发去表现自己的天赋，他们会发现自己都不知道自己拥有的能力。我们所经历的是为个人、团队、客户和公司创造价值的乐趣。

第一季度之后，我又去找主管客户服务部的副总裁，问他："发生了什么事？这支缺乏动力的团队，受到文化挑战的团队……他们接受比赛，互相帮助，赢得胜利，销售额也在增长。你认为发生了什么？"

我永远不会忘记他说的话，因为这是你在商界经常听到的另一个经典论断，也是商业病态的另一个症状："我不认为他们有这种能力。"

我经常听到这样的话。问题总是出在他们身上——"是他们不懂"。真正的问题是什么？是"他们"不明白，还是领导者不知道如何让人们充分展露自己的天赋？领导从来不会说："你知道，我可能没有把我的团队带好。"

正如我们的团队成员马特·怀特（Matt Whiat）所说："没有表现不佳的团队，只有表现不佳的领导。请在你办公桌周围的同心圆里寻找症结。"

我看着这位副总裁说："你知道，他们一直都有这个能力。你只是没有领导能力让他们发挥出自己的才能。"但这并不是他的错。毕竟，他只是像大多数管理者一样行事，从来没有人教过他如何激励员工。

我们开始捕捉所学到的与创造价值相一致的激励行为，并将其应用到我们感知到机会的其他领域。在每一个案例中，我们都看到了相同的结果：人们在响应我们激发期望行为的新方法时发生了戏剧性的变化，我们为所有利益相关者创造了额外的价值。

第三章
培养人性的一面

这些经历开阔了我们的眼界，让我们看到领导和激励员工的新方法的力量，并带来态度、业绩和成就感的深刻变化。我们惊讶于这些简单的想法如何让人们产生感悟及它们如何改变人们的行为。我们鼓励人们充分施展自己的天赋为实现目标创造价值，但我们一开始并没有预料到这一点，我们只是问："为什么商业不能充满乐趣？"人们在向我们展示，他们能做到我们想象不到的事情。这一切需要一种不同的领导方式，在这种方式下人们始终知道自己的目标和得分，并作为个体和团队成员被激励着去实现这些目标。

我们的领导者之一朗达·斯宾塞（Rhonda Spencer）当时正在给一群投资银行家做报告，并谈到我们正在做的一个项目是如何成功的——因为我们的文化是高度协作的，包括分享想法和最佳实践。其中一个人问道："这种想法在你的公司里能走多远？"

朗达说："天哪，我不知道。"她是在这家公司的职业历练中成长起来的，在圣路易斯的公司办公室工作期间，她也参与了这段旅程。她想知道在组织的第一线或在最近的一次收购中，人们是如何感受和体验我们的文化的。

与此同时，我也一直在想类似的事情："有更重要的事存在。我们从这些经历中学到了什么？我们怎样才能在它们的基础上再接再厉？”

我知道这些想法产生了伟大的商业成果，但更深刻的洞察却来自我们开始问人们的一个简单问题：“它让你感觉如何？”答案令人震惊和欣慰——他们的喜悦感，他们对能够充分利用自己的天赋实现共同愿景的深切满足感，他们的成就感，他们与家人分享成功时的自豪感。

发现领导力的指导原则

我们决定召集20个有思想的人，从这些人的经验中寻找更深刻的见解。我们直觉地感受到有更大的事情正在发生，我们需要理解、表达和构建它。我们挑选来自不同领域的团队成员——他们可以反映出公司的文化和业务，并向他们发放了一些关于领导力的导读材料，邀请他们参与对话。我们将一起努力理解所经历和学到的东西。

这个小组在佛罗里达相聚。朗达和我谈到了人们赛后的感受以及这对他们意味着什么。参与者开始加入自己的见解和经验。我们把所有的想法都写在一块白板上，并详细讨论每个细节。渐渐地，某些模式开始浮现。一天半之后，我们总结道：“这就是领导力的指导原则。这些是我们永远不应该忘记的领导力的基本原则。我们未来所做的一切都需要符合这些原则。”

我们的领导力指导原则的标题是：“我们以影响人们生活的方式来衡量成功。”几周前，当我试图为制作的公司视频的结尾设计标语时，我便想到这句话。当时视频团队让我定义成功的样子，并建议我谈谈我们的发展和利润。

领导力的指导原则

我们以影响人们生活的方式来衡量成功

一个清晰和引人注目的愿景，体现在一个能促进个人成长的可持续的商业模式。

领导力创造了一个动态的环境：

- 基于信任。
- 激发并庆祝每个人最好的一面。
- 允许团队和个人扮演有意义的角色。
- 激发自豪感。
- 挑战个人和团队。
- 解放每个人，实现“真正的成功”。

积极的、有洞察力的沟通赋能这段旅程中的个人和团队。

测量标准允许个人和团队将他们的贡献与愿景的实现联系起来。

善待他人，公平补偿他人。

领导者应该是有愿景的人，包括教练、导师、老师和学生。

随着你影响范围的扩大，你对指导原则的管理责任也随之增加。

我们致力于员工的个人成长

百威勒公司的愿景：
建立一个更美好的商业世界

barrywehmiller bW betterworld

这发生在 2002 年，也就是安然公司（Enron）正在卷入史上最大的公司丑闻宣布破产后不久。它已经成为贪婪和腐败的化身。受安然事件的牵连，那个时候商界领袖的名声比律师和政客的名声还要差，几乎在所有职业中垫底。这些公司所塑造的形象让我觉得作为一个商界人士很尴尬。

安然事件还在我脑海中浮现，我对摄制组说：“你知道吗？在这个国家，我们衡量成功的方式是错误的。我们用一个公司的财务表现和发展来衡量它，但我们也有一些人的生活每天都毁于许多公司的运作方式，而我们将以影响人们生活的方式来衡量成功，包括团队成员、客户、供应商、银行家。对我们所采取的每一项行动，需要了解它对我们接触到的所有人的影响。如果每个企业都如此，世界会比现在好得多。”

因此，我带着这个想法来到了佛罗里达。我把一个总体声明写在了白板上，其余的领导力指导原则来自当天在场的人。我说：“就这么简单吗？”当我们在流程结束时退后一步观察时，我简直不敢相信这群善于思考的人所创造的结果。他们与最深的自我和自然的人类本能联系在一起，我们为这些思想的力量和鼓舞人心的品质所折服。

“我们创建的文件体现了我们希望每个人如何对待彼此。”领导力指导原则创建团队的成员莫琳·施洛斯基（Maureen Schloskey）回忆道：“我们描述了一种我们都渴望实现的‘完美文化’。我一生中最自豪的时刻之一，是我被要求在领导力指导原则的原始文件的底部签名。”

如果我们知道这份文件将持续保留多久及它将对本组织产生的影响，我们可能会把它编制得更好一点！但我们觉得它需要以真实的形式存在，哪怕带有语法错误等，因为那是我们每位成员在那天写的。这么多年来，我们从未想过要改变一个词。这标志着我们公司的一个历史性时刻，我们意识到自己应该成为什么样的人，意识到我们存在的独特目的。因此，原始文件被精心装裱，挂在总部的办公室外面。

我们带着文件回到圣路易斯，并把它发给了我们的高层领导。因为我们从没有计划创建这样一个文档，所以不太确定要用它来做什么。然后，我们蒂勒公司（Thiele）的总裁拉里·史密斯（Larry Smith）给朗达寄去了一份安然公司价值声明的副本。它包含了许多激动人心的语句，比如“我们不能容忍辱骂或不尊重的对待，无情、冷酷和傲慢不属于这里，我们与客户和潜在客户开放、诚实、真诚地合作”。

不久之后，朗达开始质疑：“安然也有很棒的文化声明。怎么才能让它成为不只是挂在墙上的东西？”

这促使我们思考该如何处理我们的文件。这是一份很棒的文件，但它最终对公司意味着什么？把它挂在墙上并不会让它进入人们的内心。我们可以举行自上而下的讲座，并要求员工遵守书面原则，但也很有可能看到它被忽视。人们会做正确的事情吗？是放任他们自行其是，还是需要时刻盯着他们，让他们守规矩？

我说：“我们要把它从墙上摘下，让它进入人们的心中。我们将通过询问员工我们需要改变什么来做到这一点。”因此，我开始与公司、工会、办公室、工厂、男员工、女员工、各个年龄层的团队成员进行对话，讨论我们的信念。我给人们看这份文件，并问他们：“这对你们意味着什么？我们所做的工作里有哪条和这些准则说的不相符？”

我们的文化转型始于通过这些对话所建立起的对基础文件的深刻理解和所有权。对话被证明是如此强大，直到今天，这仍然是我们与新员工和新收购的企业分享领导力指导原则的方式。当我们收购一家公司时，我们做的第一件事就是与我们的新团队成员分享文件，讨论我们的信念。这是一种方式，让组织里的人提醒我们注意不足的地方，并寻求改变，或者自己带动改变。

这个文件反映了我们的最高理想和愿望。我们那天所写的并不是自认为的那样，我们写的是认为自己应该成为和可能成为的样子。我们的公司正在为实现这一愿景而不断努力。在每一天里，我们中的一些人可能会做不到，但我们总是互相体谅，并重新致力于我们的愿景，成为托付给我们的生命的好管家。

我们公司发展和进化的新时代已经开始。我们商业中人性化的一面开始得到关注。我的家庭生活和个人价值观开始以自然的方式迁移到我管理商业的方式中。这对我、我的公司及它接触到的所有人都在潜移默化中产生了深远的影响。

活在暗示中："你为什么不信任我"

为了将指导原则揉入组织的结构中，我们在业务单元部门之间穿梭，与小组成员一起坐下来讨论愿景、文字背后的含义，以及他们对它的感受。我会说："这是我们所相信的。跟我说说，我们在这些原则方面做得怎么样？"

许多人谈到了他们认为文件中最重要的一个词：信任。我记得早些时候我和罗恩·坎贝尔（Ron Campbell）有过一次谈话，他是一位经验丰富的机器测试员，已经在该公司工作了 27 年。罗恩刚刚在波多黎各为我们的海森柔性系统部门安装了 3 个月的设备。他有很多话要说。

首先，罗恩问："如果我跟你说实话，我明天还能拥有这份工作吗？"

我回答说："如果今天说的话给你带来任何麻烦，请给我打电话。"罗恩相信我是真诚的，是真的想知道他的感受，便对我敞开了心扉。

"嗯，我看到你在这份文件的顶部用了'信任'这个词，"他开始说，"不过，貌似你看不见我的时候，比我在这里的时候更信任我。当我在波多黎各的时候，我是公司的一名大使，有一个开支账户，有很多自由的工作。我做完工作就回来了。周一早上，我和一位在会计部门工作的女士一起走进了工厂。她向左转进了办公室，我径直走进工厂。就这样，一切都变了。我所有的自由就这样溜走。突然之间，所有的怀疑和控制都出现了，感觉好像有人一直在对我指指点点。当我走进去的时候，当我去吃午饭的时候，当我回来的时候，当我下班回家的时候，我不得不在一个时间点打卡。如果会计部的女士想打电话回家，看看她的孩子们是否到了学校，她可以直接拿起电话，而我却不得不等到休息的时候再拨打付费电话。如果我有一个医生的预约，我必须请我的主管在我的卡上签字，否则我会因此被扣分，而她却可以随时去赴约。我不得不等到休息铃响了才去喝咖啡和上厕所。我和工程师、会计及其他在办公室工作的人走进同一扇门，为什么他们是去办公室而我是去工厂，而我们的待遇就完全不同了？你相信他们能决定自己什么时候去喝杯咖啡或打电话回家，但你不信任我。如果你真的相信这些领导力原则，为什么我在波多黎各时你会信任我，而我在这里时你却不信任我？”

当他说完，我说：“这就是我们在制造厂一直执行的做法，没有人停下来问为什么。”

罗恩解释道：“这不仅仅是一种不被信任或缺乏自由的感觉。有时候，当你正在做着不应停下来的事情时，铃声就已响起，此刻你被期待应该放下一切，马上休息一下。如果你继续工作，休息一会儿回来晚了，人们看你的眼神就像你迟到了一样；如果你为了避开这些盯着你的目光而放弃休息，你的同事就会认为你在那里装腔作势。”

我被他的坦率和他所分享的不可否认的事实所感动，这些都是过时的做法。我们怎么能如此不尊重和不信任我们的员工——他们可都是体贴而负责任的成年人呢！我告诉他："你说得很对，谢谢你告诉我这些，我们要做出改变。"

我转身对人事主管保罗（Paul）说："请把钟拿来，砸掉它，就在明天。"保罗开始提出一系列合乎逻辑的理由来说明为什么不能这样做。我告诉他："我们要这么做，要在所有的操作中都这么做。从那时起，无论他们走进哪一扇门，我们的员工都应得到同样的对待——他们理应得到信任和尊重。"

我记得我们的生产主管说："哦，天哪，我们工厂现在要乱了！"

我说："你这么想，我很难过。每个人都应该有尊严并得到尊重。"

不久之后，我和公司领导一起走进一家工厂。我们走向一个完全封闭在笼子里的零件仓库。我对丹（Dan）说："那些人做错了什么？"

他说："你什么意思？"

我说："我看到你把他们锁在笼子里了。"

他说："不，鲍勃，他们没被关起来。那只是我们确保库存安全的零件区。"

我说："丹，你真的以为人们会在一天工作结束的时候，从这栋楼里偷窃轴承、滑轮和螺钉吗？这真的是我们现在的处境吗？"

他说："嗯，我们总得确保库存的安全。这是负责任的做法。"

这种做法其实是在大声地对我们的员工说："我不信任你们。"这让我想起了我曾经审计过的公司，在我离开之前，他们会检查我的公文包和午餐盒以确保我没有偷任何东西。这是一种羞辱。我们开始废除所有破坏信任和贬低他人的做法。

我们看到了以前从未注意到的事情。这一切都发生了，因为我们阐明了领导力应该是什么，并挑战自己让我们的实践与这些信念相一致。领导力的指导原则已经从墙上走下来，融入我们组织的日常生活中。

留意差距

我们正在学习如何激励人们解决问题，而不是试图把他们从问题中解救出来。因为我经常和世界各地的人对话，讨论我们的信仰，所以我的洞察迅速而猛烈地涌现出来。我看到了许多与新表述的价值观不一致的传统做法。

大多数企业相信它们的产品，重视它们的客户，并利用它们的员工来获得成功。我们不断问大家："我们能做些什么，来更好地使我们的实践与我们的领导力指导原则相一致？"人们开始明白我们真正在关心他们、聆听他们，不只是口头上说说。我们欢迎每个人提出的意见，并立即做出切实的改变，使我们的行为与所创建的文件相一致。我们根本没有修改文件——一个字也没有。

与团队成员频繁的对话对我产生了深刻的影响。他们挑战我在商业教育中所学到的及我自认为在领导生涯中学到的很多东西。归结起来就是：我开始对团队成员的生活产生了更深层次的责任感。

我们的商业策略运作良好，而且还在不断完善中。但现在随着文化方面的觉醒，我们进入了一个新的阶段。第二个更强大的引擎正在推动组织飞行。我们的组织开始向"人的重要性高于一切"的方向发展，所有的领导者都意识到，他们对自己有幸领导的员工的生活有着深远的影响。

通过收购扩大我们的影响力

通过我们过去 25 年的成功，百威勒已经发展成为一家每年都能产生大量现金的公司。在向利益相关者提供负责任的回报后，我们将这些现金再投资于公司，包括现有公司的研发等活动和收购来的公司。我们的经验表明，我们可以为所有利益相关者创造价值。

企业总是会被收购——或出于战略原因，因为它们无法独立生存，或因为它们需要援助和资本来执行发展计划。通常，这些交易是由战略买家或金融买家完成的。金融买家通常只关注财务回报。他们利用金融工程和对压缩成本的高度关注来快速提升利润，从而在最短的时间内获得回报。从长远来看，对企业及其利益相关者的影响并不是一个重要的考虑因素。这类交易通常是为了获取价值，在零和交易[①]中为此付出代价的往往另有其人。

另一种不太常见的收购方式是以沃伦·巴菲特（Warren Buffett）为代表的方式，巴菲特被广泛认为是识别价值潜力的大师。他的公司伯克希尔 – 哈撒韦公司通常会收购并长期持有一家公司，同时保持其领导团队不变，并让他们继续以当初让他们取得成功的方式运营。

我们则采取了非常不同的方法。几年前，受百威勒成功经验的启发和鼓舞，我们创建了一个名为福赛斯资本投资者（Forsyth Capital Investors）的独立“混合股权”实体，其使命是在百威勒业务平台之外利用我们的价值创造经验，该平台主要集中于包装、纸 / 膜转换和瓦楞加工等行业的设备及工程解决方案。福赛斯资本完全由百威勒提

① 零和交易：又称零和博弈，指在严格竞争下，参与博弈的各方，一方的收益必然意味着另一方的损失，博弈各方的收益和损失相加总和永远为“零”，故双方不存在合作的可能。——译者注

供资金，从投资印刷设备、保险服务和医疗设备开始，目前正在多个领域创建新的业务平台。得益于过去的经验及百威勒制定的成熟的运营和收购战略，这些平台都在执行既定的发展计划——有机增长和收购，以成为所在领域中的迷你百威勒。

这是一种耐心、有目的、以价值为导向的方法，也是福赛斯“长期购买、构建和持有”战略的基础。典型的金融买家的思维模式是“买入后翻转”，只关注投资者回报，而福赛斯的使命则是创建拥有让人们引以为傲的丰富遗产的伟大公司。它表明，在不过度使用杠杆、市场时机、大规模裁员和其他典型金融买家策略的情况下，更人性化、更全面的方法可以产生相当于传统私募股权甚至超过它的回报。

我们在百威勒和福赛斯的做法是坚决地专注建立价值而不是榨取价值。我们已经发展出一种能够看到价值创造潜力的能力，而其他人往往忽视了它。我们收购了那些与它们的好日子相去甚远的挑战型的企业，或者那些业绩良好但没有充分发挥其潜力的企业。在那些与我们合作的最令人沮丧的企业中，我们能够看到长期休眠但尚未完全熄灭的优势。让这些企业改变思考和对待员工的方式，是释放它们潜力的法宝。我们会首先分享我们的领导力指导原则，让人们知道我们相信这些原则，并将与其共同建设一个更美好的未来。

虽然我们在 20 世纪 80 年代初以非常传统的思维模式开始进行收购，但随着我们接受领导力的指导原则，我们的方法已经发生了变化。我们现在采取更全面的方法，来专注为所有利益相关者创造更美好的未来。与其说是收购，不如说是“领养”，这种思维方式更强调交易的人性化，让我们能够以更有力的方式在全世界传播我们的信息。

平凡人也能做非凡之事

我们的许多商业文化都被一种神话束缚着，即进步和利润的主要驱动力是找到合适的少数天才。他们也许是顶级商学院的 MBA 毕业生，或者是竞争对手的知名高管，或者是最后一个接受培训考验的人——培训考验意味着淘汰员工而不是真正培训他们。我们的经验则完全不同。我们发现，少数有激情、有经验的人可以轻松胜过任何一群所谓的明星。要发掘他们的潜力，你所要做的就是与他们分享一个更美好的未来，同时让他们知道自己很重要，你把他们视为完整的人。

你不需要找到“完美”的人。首先，他们不存在，事实上每个人都是特别的。我们大多数人只是无法那样看待他们。拉尔夫·沃尔多·爱默生（Ralph Waldo Emerson）曾经说过：“如果星星每千年才出现一晚，人类将会多么惊奇并凝视。”在我们的文化中，普通人每天都会做一些让我们感到惊讶和鼓舞的事情。人们经常说要把“二流队员”换成“一流队员”。杰克·韦尔奇（Jack Welch）就采用过这种做法，他要求通用电气（General Electric）每年解雇排名靠后的 10% 的员工，然后用新人替换他们，这种做法被称为“末位淘汰”。吉姆·柯林斯（Jim Collins）则论及“让对的人上车”的重要性。而我们认为更重要的是有一辆安全的公共汽车，并确保驾驶公共汽车的人（也就是领导者）知道如何把人们带到一个更好的地方。

取代人要比培养人更快、更容易。但可持续的人力解决方案不是从“底部”移除，然后添加到“顶部”（无论如何，这都是高度主观的判断），而是要把每个人都培养出来。在社会层面上，这是唯一可行的方案。商业不应该是精英为其他精英服务，它应该给我们所有人提供发展和表现独特天赋的机会。每个人都有这样的天赋，伟大的领导者应知道如何发现它们。

当然，有些情况下人们根本就不适合这份工作，但我发现这是罕见的例外。我记得 1990 年，圣路易斯红衣主教队的三垒手特里·彭德尔顿（Terry Pendleton）打得不好，只打出 0.230 的命中率。到了年底，他被交易到亚特兰大（Atlanta）。我们很高兴看到他的离开，因为在 1991 年他成了联盟最有价值的球员！是他自己变了，还是不同的领导方式和不同的文化带来了影响？

约翰·斯特鲁普（John Stroup）是百威勒的董事会成员，是收入约 20 亿美元的上市公司百通（Belden）的首席执行官。他惊叹于我们独特的待人方式："如果你领导着一家大公司，你会被教导世界上最重要的是人才。这通常意味着雇用最好的运动员，他们是最快、最强、跳得最高的。这可不是鲍勃的一贯作风。鲍勃的一贯做法是，'我不是要得到最好的东西，而要让手下的人尽可能做到最好'。这完全改变了收购的基本逻辑。如果你像我一样被教导要得到最好的，那么在收购完成后，你会告诉 30% 的人，'我们不想再让你留在这里了'。这与'嘿，欢迎你！我们想要帮助你发掘自己的潜力'相比，是一种截然不同的文化体验。"

很多人告诉我们："你们公司有很棒的员工和领导者。"但这都是因为我们懂得"共情""以人为本"。乐观主义者西蒙·斯涅克（Simon Sinek）是畅销书《从为什么开始》（*Start with Why*）和《团队领导最后吃饭》（*Leaders Eat Last*）的作者，他雄辩地指出："让我们热爱工作的不是我们正在做的工作，而是我们在工作时的感受。我们感到安全，我们觉得受到保护，我们觉得有人想让我们取得更多成就，给我们机会向他们和自己证明我们可以做到。顺便说一句，这有利于创新，有利于进步，有利于获取利润。”①

我可以保证，如果你真正关心每一个与你共事的人，你会获得更好的商业结果。然而，正如我们将看到的，这不仅仅关乎利润。

---

① 引自 Simon Sinek 在百威勒的谈话。他在大作 *Leaders Eat Last*（New York：Portfolio/Penguin，2014）中写到了“安全圈”（circle of safety）。

第四章
领导力是照管

在阿斯彭（Aspen）的一个美丽的6月天，一个户外婚礼的田园诗般的环境里，我和妻子坐在帐篷下，看着新娘父亲牵着女儿走过红毯。人们窃窃私语地赞叹新娘的美貌。我能真切地感受到他们正在体验的快乐。朋友说了我听过很多次的话：“我和她的母亲把我们的女儿嫁给了这个年轻人。”他坐下来，拉着妻子的手，一起幸福地看着婚礼的举行。

我的脑海里出现了这样的念头：“我知道这不是他真正的想法。他在想，‘听着，年轻人。她妈妈和我把我们的宝贝女儿带到了这个世界上。我们已倾尽所能给她爱和支持，我们希望你，通过这段婚姻，能让她继续做她想做的一切。我们把这个神圣的责任托付给你。你明白吗，年轻人？’”

这难道不是每个父亲看到自己的女儿结婚时的希望吗？我立刻想到了所有为我们工作的人——所有那些宝贵的人，他们的父母也希望他们有机会发现、发展、分享天赋和因天赋而被欣赏，并过上有意义和有目标的生活。我心想：“天哪！我们有7 000人，他们中的每一个都是某人的宝贝。我们团队成员的父母不都希望并期盼我们成为他们宝贝孩子的负责任的管家吗？”

而这让我进一步思考这个问题：更好地成为这些生命的管家意味着什么？

我们的国家和世界都面临着领导力危机。作为一名商业领袖，看到这些数据时我感到震惊，也感到羞愧。在美国，估计有 88% 的员工（约 1.3 亿人）每天回家时都觉得自己为一个不聆听或不关心他们的组织工作。[1] 这是 7/8 的人！他们可能是我们的父母，我们的兄弟姐妹，我们的儿女；他们都很有可能为一个不关心他们个人的组织工作，这个组织只是将他们视为职能或对象，作为组织取得成功的手段。在我们生活的这个世界里，“感谢上帝——今天是星期五”这句话已被普遍接受。由此可见，对大多数人来说，工作是一件苦差事，一种日复一日要忍受的毫无意义的折磨。

当我在 20 世纪 60 年代长大时，人们经常给我看造纸厂的照片，照片中污泥倾泻而出，污染了美丽清澈的溪流。我希望有一台相机，来记录每天走出办公室和工厂的人们的灵魂；好让那些污泥看起来干净些。

我们在摧毁员工，扼杀我们的文化，因为我们把人们当作物品和职能，而不是把他们当作人来关心。我们希望他们更投入，因为我们希望他们更有效率。我们想要更多的生产力，因为这会创造更多的利润，为公司创造更好的未来，但我们并不关心他们生而为人。

好消息是我们有能力改变这一点，并从明天开始治愈。我们只需要让我们的头脑和心灵参与到一种能证明每个人的价值的领导方式，

① Maritz Research Hospitality Group 2011 Employee Engagement Poll, *Research White Paper*, June 2011, http: //www.maritz.com/~/media/Files/MaritzDot-Com/White%20Papers/ExcecutiveSummary_Research.pdf.

一种以人为本、共情的方式。作为领导者，无论是在商界、军界、政界还是教育领域，我们的责任都是创造一个环境让人们能够发现、发展和分享自己的天赋，并因此得到认可和赞赏。这会为他们创造一个拥有更富意义的生活的机会，一种有目标的生活，在这种生活中他们感到有价值，并有机会成为他们期待的来到这个世界的样子。

对托付给领导者的生命来说，领导力是一种令人敬畏的责任。那些被赋予领导机会的人必须认识到，领导力不是关于领导者的私利，而是对比自己更重要的事情负责。人们带着天赋和才能来到这个世界，充满了各种可能性和潜力。作为领导者，我们的责任是帮助他们意识到这些可能性，发现他们的天赋和美德，激励他们成为他们应该成为的模样。领导者被要求帮助人们作为个体和作为一个团队或社会的一部分，成为他们希望在这个地球上成为的样子。

在百威勒，我们用“照管”这个词来描述我们的领导方式。对我们来说，照管意味着真正的关心，对我们通过领导力所影响的生命有深切的责任感。这些人的生活往往看起来支离破碎，因为他们遭受着有毒文化和领导力滥用的折磨。我们的愿望是治愈创伤，让人们恢复丰富和快乐的人性。“照管”意味着超越简单商业道德的责任，并从我们内心最深处的正义感出发。“照管”也意味着信任和选择的自由。我们不是强迫或指挥追随者，而是激励和指导他们。这不是对他人行使权力，而是一个服务的机会，是一个通过对他人行使权力并与他人一起为更大的利益服务的机会，是一个为本组织的共同愿景和使命服务的机会，也是一个为本组织成员服务的机会。

员工是我们的使命

近年来，越来越多的人接受了这样一种观点，即企业应该有一个超越盈利的更深层次的使命。例如，觉醒商业运动将“更高的使命”作为觉醒商业的四大支柱或原则之一。但对这类更高使命的传统理解是，它与公司所从事的业务有关，通常关注的是它对客户需求的满足。例如，全食超市（Whole Foods Market）的使命是健康饮食；谷歌致力于组织世界的信息，使其易于获取和使用；而康泰纳零售连锁店（The Container Store）帮助你有条有理，让你更有掌控感，从而更快乐。所有这些公司也很关心它们的员工，故它们是与产品相关的、有崇高使命的企业。

在百威勒，我们的首要使命非常明确：**让所有的团队成员都能过上有意义和充实的生活**。我们竭尽所能创造一个环境，使我们的员工能够发现他们的天赋，应用和发展他们的才能，并因他们的贡献产生真正的成就感。换句话说，百威勒致力于改善人们的生活。我们通过建造基本设备和提供工程咨询来做到这一点。但那是我们的结果，不是我们的目的。结果只是提供了工具，一个通过它可以丰富我们团队成员生活的经济引擎。

一个有用的类比是，“和产品有关”与“和人有关”两种使命好比是喷气式飞机上的两个引擎。当然，如果两个引擎都运行最佳，飞机就会飞得最好。这架飞机仅靠一个引擎也能飞行，只是飞得不那么远或那么快。关键是要让产品和人这两个引擎和谐地工作，并适当地关注两者。

企业最大的善行应该是关心员工。几年前，一位作家告诉我：

“我写了一本关于美国企业做慈善的书，但效果不是很好。”

我说：“你知道什么是悲伤吗？每天都有那么多美国企业破坏了很多人的生活，但我们赚了很多钱，当我们给联合慈善基金会写一张100万美元的支票时，我们感觉良好。但是我相信，我们破坏了那些创造财富而让我们得以捐资捐物的人们的生活，从而从一开始就导致我们需要联合慈善基金会。我认为，最大的慈善是我们每天在工作中所能做的，就是去照顾托付给我们的员工。”

在那之后不久，我遇到了一位在私募股权领域非常成功的绅士。他听了我的一次演讲，就飞过来和我共进晚餐。我问他：“生活中让你感觉良好的是什么？”

他说：“我给母校的馈赠是出了名的，但让我真正感到高兴的是我的少数民族体育奖学金项目。”

我问：“通过这个项目，你每年支持多少人？”

他说：“大概6~8个吧。”

我问：“你的公司雇用了多少人？”

他说：“大概有10万人。”

我说：“你是在告诉我，帮助公司外的6~8个人让你感觉很好，但是那些每天为你工作的10万员工——他们的生活和快乐取决于他们被对待的方式，只是你通往财富的载体？”

他没有立即做出回应。在我们3个小时的晚餐对话即将结束之际，他说：“我明白了。我以为我工作是为了行善，而你是在工作时行善。”

我们回馈社会最大的礼物和最大的慈善事业，就是成为真正的人类领袖，尊重和关心我们所领导的员工，而不是把他们作为我们通往成功和财富的工具。换句话说，我们需要把自己看作被赋予机会去领导和影响这些生命的管家。

这正是我对为人父母的看法。

很长一段时间以来，我一直认为事业和为人父母是完全分开的，但我在 20 世纪八九十年代的经历让我最终意识到，好的家庭教育和好的领导力实际上是一回事。我在家里学到的育儿技巧，胜过我在商学院学到的和在职业生涯早期磨砺出来的管理技巧。这让我意识到，传统的“管理”是企业、家庭、社群和社会许多问题的根源。

真正的人性领导力意味着让人们安全、健康、充实地回家。如果你是父母辈，你希望你的孩子们得到什么？你希望他们安全，你希望他们健康，你希望他们充实，你希望他们过着有意义和有目标的生活。良好的领导和良好的养育都是关于照顾好托付给你的人。无论孩子是亲生的或收养的，还是通过婚姻关系来到父母身边的，所有的父母都对他们的孩子有一种强烈的责任感。对那些我们有幸领导他们的人，我们也应该有同样的感受。

我所描述的不是一种家长式的亲子关系：在一个无能为力的孩子和一个无所不知的家长之间，“让我告诉你该怎么做”。我认为这是一种相互尊重和相互滋养的关系，将被领导的人的幸福与发展视为领导者的最高义务。每个人都想被视若珍宝，但没有一个成年人想被当成小孩子来对待。

当然，这并不是说一个人没有做过父母就不能成为优秀的领导者。我们的观点很简单，正如我们所定义的，好的父母和好的领导者之间有着明显的相似之处。这两者都攸关如何做好托付给我们的生命的管家。

家族企业 vs. 企业家庭

家族企业往往功能失调，因为它们的领导者获得职位是基于他们之间的关系，而不是因为他们的能力。具有讽刺意味的是，许多家族企业在其文化中最不像“家族”。这是因为他们的关怀圈子通常仅限于他们的血统。而一个更积极、更有力的想法是把企业视为一个家庭。我们的朋友、目的研究所（The Purpose Institute）的创始人兼首席执行官罗伊·斯宾塞（Roy Spence）认为，每个工作场所都应该像一个家庭：

1. 创造一个企业家庭：不是每一家公司都是家族企业，但每一家公司都可以成为一个企业家庭，拥有无条件的爱、宽恕和培育。

2. 对待每一位员工，用你希望你的孩子在他们工作的地方被对待的方式。

3. 建造一个家，而不仅仅是一个企业：从建造一个你作为领导者和你的团队成员想要每天回到的家开始。

4. 成为一名教练：作为家长或领导者，遵循经过验证的榜样进行出色的训练，从而培养出高效、负责任、值得信赖、忠诚和关爱他人的孩子 / 员工。

5. 让彼此变得伟大：鼓励并坚持让每个团队成员（也即家庭中的每个成员）发挥自己的长处，这样每个人都有机会在他们擅长的领域变得伟大。一个尊重每个人优点的家庭——一个庆祝“我们是一个家庭，但我们各不相同，我们会在弱点上互相扶持”的事实的家庭——将是一个强大的企业家庭。

6. 对那些不“理解”的人要有耐心：他们可能被其他领导虐待过。要给他们时间和空间疗伤。

7. 让他们成长，然后让他们离开：就像伟大的父母对待自己的孩子一样，如果离开是对他们最好的选择，就让他们在你的团队之外成长。让他们成为别人的好父母。

8. 做一个真正的人：一起掰面包，一起庆祝，一起讨论，一起忧伤。“不专业”也自豪。

领导者须鼓舞员工

我坐在圣路易斯的教堂的长凳上，而我的长期导师小爱德华·萨蒙（Edward Salmon，Jr.）在那个教堂担任牧师。长期以来，我一直敬畏爱德华关于如何过上美好生活的智慧。在爱德华的领导下，我们的教会变得非常强大且有很多人参加。在那个星期天的早晨，像往常一样，爱德华发表了一篇鼓舞人心的布道。他最后也如往常一样说：“愿你的光芒如此闪耀。”

我记得我当时想：“爱德华有多么不可思议的天赋，每周都能站在这里，激励我们做最好的自己。”当我从长凳上站起来的时候，思绪却飘到了另外一个地方，飘到了那个婚礼上。我对妻子辛西娅说：“你知道什么很神奇吗？在这里，爱德华每周让我们工作不到一个小时，但我们公司有 7 000 多人在我们的领导下工作，每周工作 40 个小时！我们有比教会更大的机会去提升和激励人们，用我们领导的方式塑造他们的生活。”

这一发现对我关于领导力的思考产生了巨大的影响。这是我以前从未想到过的：员工给予我们的礼物是他们每周工作 40 个小时，而我们对待他们、领导他们、激励他们（或不激励他们）的方式却深刻地影响着他们的生活。我想象着自己和其他领导者们每天、每小时都站在企业的布道坛上，一周有 40 个小时。这让我意识到，商业可以是世界上最强大的向善力量。如果企业能充分承担起委托给它的生命的责任，它就能改变世界。那天，当我起身走出教堂时，这个变革性的想法就诞生了。

我开始理解领导力对我们员工的生活可能产生的深远影响。伴随着参加婚礼的经历，这一认识唤醒了我对领导的更高责任感和对我们组织中每一个人的珍视。从那天起，我感恩地承担起领导的重大责任，并发誓要利用这个责任，使我们每一个人的生活更充实、更富有、更有成就感。

照亮善意

2005 年，我参加威斯康星州菲利普斯市的一个晚宴。我们最近创建了领导力团队的指导原则，以帮助我们的组织与这些原则保持一致。一天晚上，在菲利普斯与 BW 纸业设备集团（BW Papersystems）的管理者共进晚餐时，朱莉・波德莫利克（Julie Podmolick）对我说："查普曼先生，你上次来这里对我们做了很有启发的演讲，但当你离开后，我们又回到了管理而不是领导。我们可以做些什么来维持和深化我们对这些理想的承诺，你对此有什么建议吗？"

我被一个简单的想法打动了。我说："我是个汽车迷。我有一辆疯狂的黄色雪佛兰超级跑车（SSR）。我为什么不把它运到这里来？你可以把它放在车间旁边，让人们提名他们的优秀同事，然后让一个由他们的同事组成的委员会选出获胜者。我们会用这辆车给他们一个惊喜，他们可以开一个星期。每一个看到他们的人都会知道他们是因为善意而被认可的。”

多年后，领导力指导原则的超级跑车奖仍是我们做的最有意义的事情之一。我们现在有很多这种独特的车被运往全国各地，并根据人们如何体现我们的领导力指导原则而授予他们。我和一位获得超级跑车奖的男士交谈，问他：“被同事认可你的领导能力是什么感觉？”

他说：“很高兴在 32 年后知道自己能有所作为。不幸的是，人们花了 32 年的时间才认识到我这位优秀男士的品质。但现在已经不一样了。在今天的百威勒，认可和庆祝无处不在。”

作为家长，我知道如果超过 50% 的评论不是积极的，你就是在为你的孩子制造一个压抑的环境。我在工作中也看到了同样的情况。在这段旅程中，我经常听到的一个说法是：“我做对十件事，却一个好字也没听到，而做错一件事时，却总是要听人唠叨个没完。”它适用于家庭、工作和任何环境（请参阅《“残酷的诚实”仍然是残酷的》一文）。

认可和庆祝是领导力的两个最有力的工具，请寻找善意并举起它说：“谢谢你分享你的善意。”

这并不是为了奖励那些更有生产力的人，或者给他们颁发一个有机玻璃的牌匾——这样你就不用给他们奖励了。你要用自己的情感投资回报他们。我们奖励那些对我们的文化而不仅仅对盈利有重要贡献的人。

“残酷的诚实”仍然是残酷的

几年前，我受邀在美国空军武器学院就领导力发表演讲。在我准备演讲的前一天晚上，拉斯维加斯基地的领导们邀请我共进晚餐。我对空军或军队知之甚少，所以他们向我解释了他们在那里做了什么以及怎么做的。他们告诉我“残酷的诚实”，这显然是他们引以为豪的做法。这一传统始于空军早期；每次任务结束后，人们都会进入一间汇报室，告诉飞行员他本可以做得更好的事情。他们毫无保留，批评飞行员可能做得不够完美的每一件事。其目的当然是让飞行员继续进步。

我决定问一个幼稚的问题。我对口齿最清楚的军官说：“如果那个飞行员是你的儿子，你会那样对他说话吗？”

他毫不犹豫地回答说：“不会。”

我说：“可是你在跟某个人的儿子说话。”房间里顿时安静了下来。最后我说：“我只是好奇，如果你的一名飞行员明天去执行一项任务，完成了任务，每件事都做对了，当他回到汇报室时，你会说‘干得好’吗？”

又是一阵沉默。其中一个军官最后说：“我们没有时间告诉他们做对了什么。”

我说：“我不同意。在任何环境中，如果你谈论的都是负面的东西，那就是压抑的。”

我正要离开，一个年轻的军官拦住了我。他刚刚意识到，他无意中把“残酷的诚实”带回家了，而且经常批评他年幼的儿子。他泪流满面地对我说：“今晚回家时，我要告诉我8岁的儿子，我喜欢他的一切。”

当时，我们并没有充分意识到超级跑车奖项目的力量，很大程度上来自人们坐下来写出他们同事的优点。即使我们只选出一个获奖者，50~75 个人却可能因为他们的善意而被提名。被提名者接受面试后，我们会给他们的家人写一张纸条，把他们的善意告诉其家人。获奖者会被公开庆祝。在我们现在的文化中，公司里的人们总是想着同事的优点，而不是嘲讽他们的缺点。

获奖者说："我不敢相信我被提名了，也不敢相信我赢了。"他们做的第一件事就是给爱人打电话。如果你像我一样听了很多次这样的电话，你就会意识到他们实际上在说："你知道吗，你能嫁给我真是幸运！我刚刚从 450 个人中被评选为杰出的领导者。"

人们做的第二件事是把车开过去展示给他们生命中最有意义的人——他们的母亲，只想让她知道"妈妈，我长大了"。

领导力是关怀、鼓舞和庆祝

随着这些觉醒，我们的文化意识进入一个更高的轨道。我们从一个简单的想法开始："为什么商业不能充满乐趣？"从那以后，我们看到人们比以前更充分地表现他们的天赋，并体验到更大的快乐。然后我们意识到每个人都是其父母心爱的孩子。我们也意识到，如果我们是人们生活的好管家，我们可以比其他任何组织对人们产生更大的鼓舞作用——毕竟，我们每周有 40 个小时。

这些强大的见解不断积累着，也很快开始融入我们独特的商业价值创造战略。我们接受这些想法不是因为我们有商业问题，不是为了让公司更赚钱或让公司做得很好。我们这样做也不是因为我们想成为公认的美国最好的工作场所。我们这样做，是因为这些简单而深刻的见解唤醒了我们最深刻的正义感和责任感。

医疗保健危机是关怀的危机

你知道周一早上心脏病发作的概率会上升20%吗？许多国家的研究都证实了这一令人震惊的事实。[①]事实上，心脏病发作只是与工作压力有关的几种反应之一。这是这个时代的一个悲哀的讽刺：虽然我们比人类历史上任何时候都更少被杀害或遭受任何形式的暴力——史蒂文·平克（Steven Pinker）在他的《人性中的善良天使》（*The Better Angels of Our Nature*）一书中全面地记录了这一点——由于工作，越来越多的人的生命遭遇压力和被迫缩短。我们的工作简直要了我们的命。

在许多国家，不断上涨的医疗费用是一场危机。导致这场危机的因果链越来越清晰。医疗成本上升的头号因素是慢性病的攀升，慢性病占美国医疗成本的75%，折磨着50%的成年人，每年7/10的死亡是由慢性病造成的。[②]慢性病上升的首要因素是慢性压力升高；据估计，73%的美国人在生活中有难以控制的压力。[③]压力的罪魁祸首是工作：没有人性的工作，让人们感到不被尊重和不被重视的工作，在政治气氛和八卦气氛下的工作，让人们处于麻木状态的工作。在几乎完全缺乏关怀和培养的地方，人们承受着不惜任何代价实现短期目标的巨大压力。

---

① Anahad O'Connor, "The Claim: Heart Attacks Are More Common on Mondays," *New York Times*, March 14, 2006, http://www.nytimes.com/2006/03/14/health/14real.html.

② Chronic Diseases and Health Promotion, http://www.cdc.gov/chronicdisease/ overview/index.htm.

③ Towers Watson, "Engagement at Risk: Driving Strong Performance in a Volatile Global Environment", 2012 Global Workforce Study, July 2012, http://www.towerswatson.com/Insights/IC-Types/Survey-Research-Results/2012/07/2012-Towers-Watson-Global-Workforce-Study.

高压的工作环境对员工的身心健康有着深远的影响。长时间工作或加班的员工患高血压和遭受工伤的概率更高。他们也有更多的心理健康问题，滥用药物，养成吸烟等不健康的习惯。在美国，医疗费用高企占破产总数的60%以上。当然，所有这些都对家庭和社会的健康与幸福产生了巨大的影响。①

世界各地的企业领导者都明白，他们迫切需要采取行动。健康项目正在蓬勃发展，这些项目工作的重点是降低成本，但这行不通。我们不应该专注于降低成本，而应该专注于增加对托付给我们的生命的关怀。如果我们这样做，成本下降的幅度可能比我们预期的还要大。看看盖洛普（Gallup）关于员工敬业度和医疗成本之间关系的数据：在美国，只有22%的员工敬业度高，在工作中朝气蓬勃。但是，这一群体的医疗费用比那些“无所事事”的员工低41%，比20%左右的那些讨厌自己工作的美国员工低62%。②

因此，医疗危机其实是一场关怀危机，而关怀始于领导力。在百威勒，我们对团队成员健康的愿景是“好好生活，共同繁荣”。鼓励我们的团队成员选择健康的生活方式，这样我们就可以一起生活得好，一起成长。我们的电视和广播里充满了感激和认可。我们的组织欣欣向荣，因为人们知道并能感觉到我们在真正关心他们。

---

① Samantha Cole，“The Terrible Things Your Work Stress Is Doing to Your Health：New Research Reveals How Work-Related Stress Translates to Life-Threatening Conditions—and How Employers' Attitudes Can Make It Worse”，Fast Company，March 4，2015，based on “The Relationship Between Workplace Stressors and Mortality and Health Costs in the United States”，by Joel Goh，Jeffrey Pfeffer and Stefanos A. Zenios，http：//www.fastcompany.com/3043112/ the-future-of-work/the-terrible-things-your-work-stress-is-doing-to-your-health.

② *State of the American Workplace*：*Employee Engagement Insights for U.S. Business Leaders*（Gallup，Inc.，2013），http：//employeeengagement.com/wp-content/ uploads/2013/06/Gallup-2013-State-of-the-American-Workplace-Report.pdf.

这是我所学到的所有东西的融合。我要做好孩子们的监护人的决心，也开始延伸到我作为领导者要负责的所有生命上。我看不出这两者有什么矛盾。这就是为什么在内部大学里学习领导力课程的人，给我们的大部分反馈都是关于领导力如何影响了他们的家庭生活。他们明白这事关如何成为我们在这个世界上影响的所有生命的好管家。正如我们的一位领导者所说："我现在可以用我的心来领导了。"

澳大利亚领导力专家卡马尔·萨尔马（Kamal Sarma）指出："有一个迷思是，勇士是最好的领导者。日常商业语言中充满了战争性术语：我们需要赶在最后期限前完成任务，与前线交战，集结部队，与员工一起工作，占领市场份额。"[1] 我们的方法是非常成功的，因为我们挖掘出了真实天性中更为根本的东西，那就是爱，它是恐惧的对立面。《觉醒商业》(*Conscious Business*）的作者弗雷德·考夫曼（Fred Kofman）写道："爱是强大的，它是宇宙中最强大的力量。爱是一种竞争优势。爱是丰富而可得的，并且有助于创造巨大的价值。"创造并保持卓越和成就的最有力方式是按照人类精神来领导。

而工作中缺少的正是对他人的真正关怀。关怀是一个深刻的词。我们给予和接受关怀的能力是非凡的，但我们经常关闭或严格限制它。我们被教导在走进办公室前关掉它，反而还被要求披上隔绝情感的盔甲。我们已经习惯于把人看作一种职能，我们试图让他们做我们想做的事来获得成功，而不是因为我们关心他们。但人类对关怀的需求与我们求生的意愿一样强大。作为领导者，我们应该创造一个工作环境，让我们的团队成员感到安全、被关怀和可以自由自在地做真正的自己。

---

① Kamal Sarma remarks at Conscious Capitalism Australia conference，Sydney，June 24，2014.

最近的一份研究报告发现：“如果人们在一个可以自由表达感情、温柔、关怀和同情的文化中工作，他们会对工作更满意，对组织更投入，对自己的表现更负责。”[①] 表达情感不应该只在工作场合被接受，还应该得到培养和拥抱。对我们的团队成员表现出关怀、善意和同情应该像关怀家人一样自然。

① Sigal Barsade and Olivia O'Neill, “Employees Who Feel Love Perform Better”, *HBR Blog Network*, January 13, 2014, https://hbr.org/2014/01/employees- who-feel-love-perform-better/.

第五章

强化我们的文化

大多数企业文化中充满了恐惧、压力、八卦和政治。《纽约时报》（*New York Times*）专栏作家托尼·施瓦茨（Tony Schwartz）指出，恐惧的环境对我们的幸福和良好运作的能力是极其有害的："工作表现的最基本、最有力和最持久的动力是对我们自己和周围世界的安全感和信任感……我们大多数人醒着的时候，大部分时间都在工作场所中度过。但是，我们每天有多少精力和能力浪费在担心上：担心被老板批评、与同事发生冲突和竞争，或处理客户和顾客的投诉。正如生产力专家爱德华·戴明（Edward Deming）曾经说过的：'驱除恐惧，这样每个人都会让工作更有效率和更有成果。'"①

在百威勒，我们创造了一种非常罕见的东西：一种几乎完全没有恐惧、八卦和政治的文化。即使是我们领导者自己也对此感到惊讶，因为大家在其他地方都经历了非常不同的文化。卡罗尔·奥尼尔（Carol O'Neill）最近加入我们，担任公司负责战略、技术和关键举措的副总裁。她说："百威勒的一个美妙之处在于，指出别人的弱点并不是很常见。与其他公司相比，存在惊人的文化差异。你到百威勒的任何一个机构，都会发现那里有一种协作和相互尊重的精神。每一次互

① Tony Schwartz, "Why Fear Kills Productivity", *New York Times*, December 5, 2014.

动都是如此。你在 90% 的公司环境中都看不到此类情况：比如当吉姆说话时，其他人都翻白眼，因为他们并不是真正尊重吉姆。这里没有政治或流言蜚语。如果公司的高层愿意倾听八卦，八卦就会兴盛起来。但如果他或她不愿意听八卦，那就不会有什么进展。而说同事坏话的人会觉得自己像个白痴。”

百威勒设计集团（我们的工程咨询公司）的负责人乔·威尔海姆（Joe Wilhelm）也对我们创造的积极文化感到惊叹：“我与许多客户合作过，也曾在几家公司工作过。我可以告诉你们，在百威勒中，真的没有太多的政治因素。领导者想要支持其他领导者做正确的事，这种感觉让我很惊讶。这里没有地盘之争，也没有‘远离我的客户’或‘离开我的地盘’。事实上恰恰相反，每个人都在想‘我怎样才能帮助同事做得更好？’鲍勃总是专注于积极的行为，而不是让消极的能量影响重要的事情。当一个领导者始终保持自信和积极时，他是有感染力的。真没有时间去想消极的事情。”

这样的文化不是偶然产生的。就像百威勒的大多数事情一样，它是经过深思熟虑和周密实施举措后带来的结果。

1997 年是我们文化之旅的开始，那一年我们意识到工作也可以是有趣的——我们过去没有特别关注我们的文化。我们想出使用比赛活动在我们的客户服务和售后销售团队中营造一种有趣且健康的竞争氛围，而在接下来的五六年里，我们有了许多新的想法和实验，去开始定义我们想要的文化，并将这种文化带给我们快速发展的公司。最终，我们创建了由朗达·斯宾塞领导的组织授权团队，来监督我们的文化活动。

因为一个重要的问题，我们的文化发展进入了一个更高的阶段。我们当时正在旅行，和一小群人一起吃晚饭；在谈话的空隙，刚入职组织授权小组的布莱恩·威灵霍夫（Brian Wellinghoff）问了一个让我大吃一惊的问题："你最害怕什么，鲍勃？"

我不是一个总想着恐惧的人，所以我不得不想了好一会儿。我想起了我的教会，它在我的导师爱德华·萨蒙的指导下迅速地发展。当爱德华离开去南卡奥里纳当主教时，圣路易斯的教堂急剧衰落。我看到了难以置信的结果。尽管我们的信仰很强大，但只是因为我们的牧师离开去追求更高的使命，我们曾经那么强大的教会现在似乎正在分崩离析。

所以我很简单但充满感情地对布莱恩说："我最担心的是，我们在这里发展出来的东西不会超过我的年龄。我们也许在做一些太依赖于我的事情。如果我出了什么事，它就会崩溃。"我的直觉告诉我，如果我们的文化之旅是"依赖鲍勃"的，那么就无法继续下去。现在和将来，我们的领导者都需要充分接受这一点，这样才能持续下去。

我相信让我们踏上这段旅程的想法是通过我而来，而不是从我而来。我们需要创造一种方法，让我们的领导力方式继续存在，并在我的时代之后继续发展。和许多充满激情的领导者一样，我有时也会像一场文化龙卷风一样闯进来。这会激起人们的兴趣，激发人们的灵感，帮助他们以一种新的方式看待事物。但我们意识到，为了建立一个持久的遗产，我们不能仅仅只依靠几分钟的鼓舞。

朗达·斯宾塞回忆道："对组织授权团队来说，听到鲍勃对布莱恩问题的回答让我们对自己的角色有了更深的了解。如何确保我们所做的是可持续的？这个公司会留下什么遗产？它明确了我们应该扮演的角色。我们需要专注于这个公司的遗产。因此，我们的工作要变得更加系统化。”

这标志着我们开始专注于围绕我们所做的事情创造原则与结构。我们的公司中没有任何关键部分是靠碰运气的，我们不断发展的文化也不会靠碰运气。

两项重要的文化举措源于我们需要以原则和使命追求我们所信奉的东西：我们2006年开启的$L^3$①旅程，随后是2008年创建的百威勒大学。

精益和宁静：为人们持续改善

我们的首要任务是找到最好的方法，让领导力的指导原则影响公司里每一个宝贵的生命。尽管公司广泛采纳了“以影响人们生活的方式来衡量成功”的理念，但我们仍在不断扩展成功对我们的真正意义。我们想要超越暂时的成功，走向持久的意义。但我们觉得，除非真正的人性领导力不仅仅是一项计划或一种既定的价值观，而是我们文化中普遍存在的一个方面，否则我们无法实现持久的意义。

在此之前，我们的文化活动主要针对销售或客户服务人员。虽然我们让整个组织的人都参与了关于领导力原则的讨论，并针对向我们指出的差距在业务方面做了许多改变，但我们认为我们仍然没有做足够的工作，使75%的在业务部门工作的人都了解这种文化。我们决定，最好的方法是采用著名的丰田精益方法，以增强团队成员的能力并持续改进流程，但有一个关键区别：几乎所有采用精益管理的组织

① L^3：Living Legacy of Leadership，意为“领导力的活遗产”。

都是为了降低成本和提高利润，但我们想把它作为一种在组织中更广泛地传播以人为本、共情文化的方法。

我们在绿湾安排了一个启动会议，与一群高层领导一起学习精益，并开始我们的持续改进之旅。第一天下午，一名顾问就精益做了开场演讲。45 分钟后，我站起来，沮丧地走出房间。演讲内容都是关于如何将精益管理引入组织，因为它们有助于增加盈利，并从员工身上获得更多价值。演讲者实际上说过这样的话："这将帮助你从人们身上获得更多。"就在那一刻我离开了房间。

布莱恩紧张地跟在我后面，回头看了看演讲者是否还在讲话："所以，发生了什么事？"

我的声音里充满了怒火，我说："布莱恩，在我们的组织里，我们永远不会有这样的精益之旅。我们不会以这种方式榨取别人的生命并利用他们。我们要建立一个以人为中心的精益文化，否则我们何必这么做？！"

我已经明确表示，我们的精益版本是关于人的。我对它进行了充分的研究，知道大多数开始这一旅程的公司都无法成为精益公司。我去了波士顿，见了吉姆·沃马克（Jim Womack），他写过《改变世界的机器》（*The Machine That Changed the World*）一书，还创立了精益企业研究所。吉姆对我说："鲍勃，难以置信，我写的这本书全世界都读过，我们国家的很多组织都欣然接受。"然后他还说了这些话："真不敢相信它竟然没有改变世界。"

对我来说，原因显而易见。精益已经变成了关于数字和消除浪费的一种工具。有没有人真的相信团队成员是从消除浪费的概念中得到鼓舞的？当人们听到这个消息时，他们担心自己可能会被认为是将被淘汰的废物之一。吉姆在他的书中所研究和阐述的真正的力量是，它创造了一个倾听团队成员并验证他们的知识和贡献能力的过程。精益可以让人们对自己的工作负责，进而对自己的生活负责。只要它以正确的方式实施，在改变人们的工作生活品质方面，它几乎比其他任何事情都能做得更多。

我说："我们不会走这条路。我们将沿着人类繁荣的道路前进。"最终，我们决定采用一个新名称来描述我们的精益版本。我们称之为领导力的活遗产（Living Legacy of Leadership）即 L^3：意义深远的、经得起时间考验的领导力实践。L^3 是关于调动人们的头脑、心灵和双手去创造属于他们自己的未来，并每天积极地塑造企业的遗产。

我们将持续改进视为参与和实现使命的法宝。我们可能是世界上唯一开启了持续改进之旅的公司，专门将我们以人为本、共情的文化带给我们的团队成员。

当我们开始在独特的文化和信仰中将精益思想引入我们的组织时，我们很快遇到了一个障碍。因为我们的员工是在有老板和上司的环境中长大的，所以他们不知道如何在 L^3 的新环境中领导。

我们意识到，我们需要定义我们的领导力原则，并教领导们如何践行这些原则。除了简单地传授策略和战术，我们想要创造一种转型的体验，一种能够创造持久的个人和组织变革的体验。这成为百威勒大学创建的起点，它已经成为我们的文化围绕和发展的支点。我们认为这是我们最值得骄傲的成就之一。我们教授的每一门课程都是学员生活中一次变革性的经历。最重要的是，每门课程对人们的个人生活都会产生影响，这种影响通常比它对他们职业生活的影响更为强烈和直接。我们将在本书后面详细描述我们在百威勒大学的经验。

关怀的涟漪效应

我和总裁、副总裁还有顾问回到绿湾会议。绿湾造纸机械公司运营副总裁克雷格·康普（Craig Compton）在前一天晚上给我发了一封电子邮件说："鲍勃，明天某个时候你可能会想去工厂和这群人谈谈，他们自愿为宝洁的一个大型项目采取了一项精益计划，并取得了非常好的成果。最好是向他们表示感谢，让他们告诉你这件事。"

我回复道："你为什么不叫他们明天来参加会议呢？他们可以告诉所有人。"

第二天早上他们走进来的时候，根本不知道自己会被邀请在公司所有的总裁和运营副总裁面前讲话。

分享团队由三个人组成，包括两个工会成员和一个非工会成员。他们谈到了如何想出减少库存、改善交货周期、降低成本、提高质量、实现更好的准时交货等的方法——都是精益的常规指标。所有这些措施都带来了显著的业绩改善。

当他们结束讲话时，一个我从未考虑过的问题突然浮现在脑海，我问制造团队成员史蒂夫·巴雷蒙（Steve Barlament）："史蒂夫，这件事对你的生活有什么影响？"

现在，这位先生还没有准备好走进来当着我们所有总裁的面讲话，他当然也没有准备好让公司董事长问他这件事对他的生活有何影响。但他毫不犹豫地说了一些对我个人和我们整个文化旅程都具有变革意义的东西。他说："我妻子现在和我说更多的话了。"

这个过程的美妙之处在于：它是未经排练的，它是自然发生的，它是真实的。他说："你知道在这样一个地方工作是什么感觉吗，鲍勃？每天早上你都会出现，打卡，去车站，别人告诉你该做什么，你没有得到做你该做的工作所需要的工具，你做了十件正确的事，没人说一句话；你做了一件错误的事，你就会挨骂！你问个问题，需要一个星期才能得到答案。他们觉得你愧对你的薪水或福利。你知道晚上回家和家人在一起的感觉吗？你觉得很空虚。我过去常在进家门之前先把帽子扔进门里。如果它被扔出来了，我就会扭头去酒吧喝几杯啤酒。如果我的帽子还在门里面，我就进去看看我的家人。现在回想起来，我意识到，当自我感觉不好的时候，我就不是一个很好的人。基本上每天都是这样。但自从我们开始这个 L^3 项目以来，我一直在努力让事情变得更好。人们会问我怎么想，他们会聆听我，我其实也有机会影响一些事情，包括我自己的工作。我们建立新的组装流程真的很有效，我可以在回家时感觉我已经很不错地完成了一天的工作，而不是浪费了一天去争抢零件或怨天尤人。当我感到被尊重，知道自己工作做得很好时，我就会自我感觉很好。我发现每当自我感觉很好时，我对我的妻子就更好，你知道什么令人惊讶吗？我对我妻子好一点，她就会跟我说话。”

当这么多人每晚回家都觉得自己不受重视时，我们今天看到家庭和社区中有这么多冲突也就不足为奇了。我们在企业中制造了这个问题，因为我们把人看作我们通往成功的物品，而不是珍贵的人。如果我们把史蒂夫送回家，让他对自己感觉更好，那么他和妻子的关系也会更好。他的孩子会看到父母的模范行为，我们就能培养出更快乐、更茁壮成长的孩子。这就是我们如何开始治愈创伤的方法：把人们作为更好的爱人、父母、孩子、朋友和社区公民送回家。

如今，许多企业对其团队成员及其家庭的幸福产生了不好的影响。我们为世界上年轻人的不幸遭遇感到惋惜，然而企业却执意要把被伤害的人送回家，他们又在家里为婚姻和养育子女而挣扎。许多商业领袖认为，人们仅仅因为有一份工作就应该心怀感恩和快乐。但残酷的事实是，我们在工作中对待他人的方式会影响他们的感受以及他们在生活中对待他人的方式。每周 40 个小时，我们让人们服从不管是好是坏的领导方式，而当他们回家时，这会影响他们对待他人的方式。

作家、商学院教授斯里库马·拉奥（Srikumar Rao）评论道："我经常拜访的那些公司说，'你知道，我们真的希望我们的员工做得很好。'他们的意思是，'我们希望我们的员工表现出色，这样他们才能达成我们的业绩指标。'人们被当作机制来对待。我很高兴看到我们的使命是：'我们希望员工在工作中表现出色，希望他们把这种健康带回家，融入他们与爱人和孩子的关系中。我们希望如此，因为这对他们和他们的家庭都有好处，这是正确的选择。'"

我们最近为百威勒集团的高级销售主管举办了一场活动。我们把他们及其爱人聚集在一起，庆祝他们为组织的成功所作的贡献。在庆祝晚宴之前，我们和这群人坐下来并聆听他们对事情进展的看法。销售主管们谈到他们非常欣赏我们的激励和奖励计划，感激我们对他们所作的贡献，也谈到了我们的关怀文化以及他们对组织和彼此的责任感。

然后我们问他们的爱人感觉如何。凯利（Keri）的丈夫约翰·卡塞尔（John Kasel）11 年前加入我们的北方汽车系统有限公司（Northern Engraving）/ 造纸机械公司的子公司，她分享道："约翰的行为举止与他在之前的公司完全不同。你知道你带着坏心情回家是什么感觉吗？你踢了狗，狗去咬猫等。不愉快情绪的连锁反应是巨大的，过去就是这样。现在他回家时很开心，更满足了。正因为如此，我们都更快乐了。”

这就是关怀的涟漪效应和情感传染的力量。当你成功时，庆祝成功是很容易的。而真正的成就是，当事情变得困难时，当其他人都在朝着不同的方向前进时，你一直记得你的核心信念。

当2008—2009年经济大衰退来袭时，我们不得不放弃一些东西，但那绝不可能是我们作为一家公司的财务稳定性。为了生存，我们必须做出牺牲，而我们所做出的牺牲将定义我们自己。

情绪传染

情绪传染是指行为或情绪从无意识地一个人传递给另一个人。人是“行走的情绪感应器”，不断地影响着他人的判断和行为。[①]伊莱恩·哈特菲尔德（Elaine Hatfield）是该领域的主要学者，他说：“所有的情绪——喜悦、恐惧、悲伤和压力——都已被证明是会传染的。”

积极和消极的行为都是会传染的，尽管消极的情绪比快乐的情绪更容易传染。建立在情感基础上的婚姻中，如果爱人郁郁寡欢、情绪低落或压力很大，会对另一方产生很大的影响。[②]

有些人比其他人更容易捕捉情绪，而有些人则比其他人更善于传递自己的情绪。由于生理和社会原因，女性比男性更容易受到情绪感染。女性通常更善于解读非语言交流，她们在社交中更善于情感性回应

① Sigal G. Barsade, “The Ripple Effect: Emotional Contagion and Its Influence on Group Behavior”, *Administrative Science Quarterly* 47, no. 4（2002）: 644–75; quote from p. 669.

② C. Goodman and R. Shippy, “Is It Contagious? Affect Similarity Among Spouses”, *Aging & Mental Health* 6, no. 3（2002）: 266–74; Jennifer Katz et al., “Individual and Crossover Effects of Stress on Adjustment in Medical Student Marriages”, *Journal of Marital and Family Therapy* 26, no. 3（2000）: 341–51.

和表达。[①]

情绪传染被一些生物学家认为是人类互动的基石，传染的影响和结果是重要的。然而，人们对传染的意识非常低。人们没有意识到别人的情绪对自己的情绪和行为的影响，而且往往没有意识到这个过程是什么时候发生的。在研究中被问及时，很少有人把别人的情绪当作影响自己情绪的一个因素。[②]

人们曾经认为，情绪传染只会发生在个体与个体的互动中。然而，现在的研究表明，情绪传染也会影响团队动力，并能促进合作，减少冲突，提高任务绩效。[③]

情绪在工作场所的传染是个大问题。我们必须从积极和消极的情绪的角度以及领导者和团队成员之间的互动的角度来看待它。该领域的一位著名学者西加尔·巴萨德（Sigal Barsade）指出："重要的是，领导者不仅要能够将自己的情绪传达给追随者，而且要在情绪上与他们的追随者协调一致并受到他们的影响，从而真正理解、授权和领导他们……人们并不是生活在情绪的孤岛上，而是在与团队成员共同工作中体验情绪。这些情绪会产生涟漪，在这个过程中不仅影响其他团队成员的情绪，而且影响他们的团队动态和个人的认知、态度和行为。因此，情绪传染通过直接或间接影响员工和团队的情绪、判断和行为，可以在团队和组织中产生微妙但重要的涟漪效应。"[④]

---

① R. William Doherty et al.，"Emotional Contagion：Gender and Occupational Differences"，*Psychology of Women Quarterly* 19，no. 3（1995）：355–71.

② Shirley Wang，"Contagious Behavior"，*Observer* 19，no. 2（February 2006），http：//www.psychologicalscience.org/index.php/publications/observer/2006/ february–06/contagious–behavior.html.

③ Barsade，"The Ripple Effect".

④ Ibid.

大量证据表明，体验和表达积极的情感和情绪有助于优化个人的表现。[1]

有很多方法可以控制传染行为。如果你意识到传染行为的发生，你就可以开始控制它。例如，父母告诉自己，他们与老板的不良互动不应该影响他们对待孩子的方式。然而，总的来说，人们不善于控制自己的情绪，而且只有在情绪爆发时才会这样做。

① Barsade，“The Ripple Effect”.

第六章

我们文化的考验

直到20世纪80年代，很少有公司利用裁员来平衡收支，或者借用西蒙·斯涅克的话说："把员工当作生产要素，使短期财务结果正确。"20世纪90年代，裁员开始成为一个流行词。对上市公司来说，宣布裁员后，公司的股价往往会飙升，因为投资者会庆祝这些"臃肿"的组织甩掉了"不必要的人员"。

调整规模、分层、业务重组、精简……这些都是裁员的一些委婉说法，指的是现在为提高利润而采用的常规商业惯例。就像轻敲膝盖时看着自己的腿被弹跳起来，裁员已成为企业遇到逆境时的一种反射性反应——用来保持财务业绩，提振投资者信心，并推高股价。我们知道，有一家公司故意在它景气时过度招聘，这样它就可以让员工离职，并在必要的时候推高股价。另一家公司则试图通过给予被解雇员工股票期权来缓解裁员带来的冲击，这样他们就能从离职可能引发的股价飙升中受益。

西蒙·斯涅克是这样说的："在军队里，他们会给那些愿意牺牲自己以换取他人利益的人颁发勋章。而在商界，我们会给那些愿意牺牲他人来获得利益的人发奖金。"

我们的社会用了很多温和的语言来掩饰恶劣的行为。有一次，在一个空军基地发表完演讲，我问在场的军官："我只是好奇，你怎么教这些年轻男女去杀人？"

他想了一会儿说："不教杀人，我们教他们的是把做出错误决定的对象消灭掉。"

我说："好吧，我真该死。我们在商业上也是这么做的，我们称之为裁员，但是我们不会说，'我们今天正在摧毁15个人的生活。'"

高管们很少会对裁员无条件地承担责任。标准的理由是糟糕的市场状况、前管理层所犯的错误或其他一些不可抗力。如果能听到一位高管说："我们真的做错了。我们对业务和市场的假设犯了很多错误，不幸的是，我们的员工将不得不因为我们的错误而付出代价。"

当公司把员工送回家时，他们的自我价值受到了损害，收入也大幅下降，但你很少听到领导者带着同情的口吻谈论裁员对个人和家庭生活的影响。80%的人报告说失业在一年内会对他们的健康产生负面影响，他们死亡的风险从44%增加至100%。在精简规模（裁员）的公司里，因病缺勤的频率会增加1倍。[①]

我经常询问不同的听众："你们当中有多少人曾经被解雇过？"通常有三分之一的人举手。我又问："感觉如何？"

有人情绪涌现并站出来说："这是我一生中最糟糕的一天。这是一种拒绝。他们让我在5点前把桌子收拾干净，然后到人事部门做最后检查。有人告诉我，'你走吧，我们不再需要你，我们再也雇不起

---

① Samantha Cole, "The Terrible Things Your Work Stress Is Doing to Your Health: New Research Reveals How Work-Related Stress Translates to Life-Threatening Conditions—and How Employers' Attitudes Can Make It Worse", Fast Company, March 4, 2015, based on "The Relationship Between Workplace Stressors and Mortality and Health Costs in the United States", by Joel Goh, Jeffrey Pfeffer and Stefanos A. Zenios, http://www.fastcompany.com/3043112/the-future-of-work/the-terrible-things-your-work-stress-is-doing-to-your-health.

你了。' 然后我还得回家把这个消息告诉家人。我感到羞愧难当，并不得不对他们说，'我不知道我们该如何偿还房贷、车贷以及支付大学学费。我不知道我该怎么办，因为没有人在招聘。'"

更糟糕的是，公司还要考虑对那些留在公司的人的影响，可是他们已经目睹了与自己共事的人所遭受的伤害和恶劣的对待。这种"附带损害"的程度很难被评估。我儿子斯科特（Scott）在一家公司做顾问，当时他们也在大规模裁员。他没有被裁掉，但很多以前坐在他旁边的同事都被一一裁掉了。他很了解这些被裁掉的同事和他们的家人，他和公司里的其他人一样，士气非常低落。在这种情况下，那些留下来的人会切换到生存模式；激情、创造力、乐观和关怀之心也都随之烟消云散。

像一个有爱心的家庭那样回应

在进入 21 世纪第一个 10 年的中后期，百威勒一直在快速增长并盈利。我与全国各地以及欧洲的员工就我们的领导力指导原则进行了对话。每当我们收购一家新公司，我都会坐下来和员工们讨论我们的信念以及他们作为百威勒家族的一员可以期待一些什么。

当你一遍又一遍地谈论某件事，你去真诚地谈论它，它就会成为你不可分割的一部分。对我来说，这些不再只是言语。在 2008—2009 年的经济衰退之前——在我们的领导力指导原则实施的几年中，以及在我们刚刚成立百威勒大学之后——我深深地感受到了这一点。我们的文化与我希望成为的人、我的信仰、我对孩子的教育都是和谐的。我生命中的一切都变得井然有序。这是一种无价的感觉。

接下来我们遭遇了一生中最严重的经济危机。金融版面上的新闻日益严峻，美国乃至世界大部分地区都陷入了 20 世纪 30 年代大萧条以来最严重的经济衰退。不可想象的事情正在变得司空见惯。许多大型金融机构正处于全面崩溃的边缘，世界各国政府不得不出手救助大型银行，各地股市也纷纷崩盘。房地产市场就像戳破的气球一样崩溃，消费者的财富缩水了数万亿美元。到 2009 年 10 月，美国的失业率高达 10.1%，大约是危机前水平的两倍。那时，人们平均每周只工作 33 个小时，比政府从 1964 年开始收集这类数据以来的任何时候都要少。[①]

当然，我们公司也经历过许多艰难时期。但我们从未遇到过现在几乎所有企业都面临的那种外部经济状况。百威勒集团总裁蒂姆·沙利文（Tim Sullivan）对那个时代记忆犹新："2008—2009 年的金融危机无疑是一个非常具有挑战性的时期。例如，在我们位于巴尔的摩的 BW 纸业设备集团，刚成立一年，每个月出货 4~6 台机器。危机开始于 2008 年 9 月，到了 2009 年 4 月，我们积压了 1 台机器，但你不知道危机何时会结束，毫无疑问，这很可怕。我们都不相信公司会失败，因为我们有如此坚实的商业模式。与此同时，这也彻底改变了以往的商业模式。当你没有设备来建造时，工程师、机械加工人员和装配人员就没有东西可做了。备件生意在一定程度上要使机器和车间里的人保持运转，你不知道如何负责任地让人们得到有报酬的工作，即使我们有一个坚实的基础，但你不知道你对利益相关者的责任是什么。还有银行希望我们履行金融契约，所以有一些真正的问题存在。"

"大屠杀"蔓延开来。2008 年，花旗银行裁掉了 7.3 万人，美国

① "Financial Crisis of 2007-08", http: //en.wikipedia.org/wiki/Financial_crisis_of_2007%E2%80%9308#Effects_on_the_global_economy.

银行裁掉了3.5万人，通用汽车裁掉了3.4万人，惠普裁掉了2.5万人。[1] 仅在2009年1月，财富500强企业又裁掉了163 662人。

在2009年1月的董事会上，一位董事会成员提出了“带L的词”（裁员）。“嗯，我想你最好考虑一下裁员。我们需要让我们的成本与不断减少的收入保持一致。”

我说：“不，我想我们会没事的。”当时，我们的执行团队觉得积压的订单和前景足够好，可以让我们在不影响员工的情况下完成任务。

第2个月当参观我们在意大利的公司时，我收到了一封电子邮件。造纸机械公司是我们最大的部门之一，而它却搁置了一个大额订单。事实上，一些客户正在取消或暂停现有的大额订单，即便他们已经为这些订单支付了大笔不可退还的定金。

因为市场在萎缩，不能接到新订单是一回事。但当积压而未交付的订单（我们认为这将使我们渡过难关）开始蒸发，已成为一个更大的打击。我感觉我们所有的客户停止了做任何事情，都蜷缩在生存模式中。我们的忧虑在不断上升，有关经济的消息一天比一天恶化。金融流动性几乎枯竭，借款人和贷款人都被冻结，不知道这一切将走向何方，感觉就像一股不可抗拒的激流把我们从岸边和安全地带卷了出来。何时会停止？何时我们又会脚踏实地？我坐在意大利的酒店房间里，心想：“天哪，它要袭击我们了，我不知道会有多严重。我们该怎么办呢？”

我们不能简单地承担成本，承担违背银行契约的风险。这种维持现状和逃避现实的方法可能会毁掉公司的未来。我们必须找到一种方法，使我们的财务业绩能够承受，同时将员工的痛苦降到最低程度。

---

① Douglas A. McIntyre，“The Layoff Kings：The Companies That Cut the Most in 2008”，24/7 Wall St.，December 20，2008，http：//247wallst.com/ jobs/2008/12/20/the-lay-off-kin/.

我们如何以一种与我们的领导力愿景一致的方式来处理这场危机？在我们接受领导力指导原则之前，如果遇到这样的事情发生，我们会毫不犹豫地“调整”公司的规模，在新订单大幅减少的办公室和工厂裁员。我做了很多年这种被认为是良好的、负责任的管理。这意味着负担主要由生产团队成员承担，因为他们直接参与执行订单，而高管们很少受影响。但是，由于我们针对领导力指导原则不断对话，我们的文化和价值观在这一过程中发生了巨大变化。如果我们像以前那样做出反应，那将严重破坏甚至可能摧毁我们正在建立的美好关怀文化。它会使“我们以影响人们生活的方式衡量成功”的主张变得空洞和在根本上毫无意义。

如果我们让人们在这种残酷的经济环境中离开，除了对我们的文化有影响，他们和他们的家庭甚至一些社区都会遭受毁灭性的打击。人们根本就没有其他工作可做。有些人会失去家园，还有一些人会失去婚姻。孩子们将不得不从大学退学。被伤害的人数之多几乎令人难以想象。

我们不能让员工遭受那样的痛苦。我们的愿景给了我们一个以前没有过的道德指南针。它使我们在面对经济危机时，对我们所关怀的生命有了更深层次的责任感。我立即开始思考如何以一种符合我们愿景的方式来最好地应对这场危机。我问自己：“一个充满爱心的家庭在面对这样的危机时，会怎么做？”我很快就得到了答案：所有的家庭成员都会分担一些痛苦，这样就不会有家庭成员独自承担巨大的损失。每个人都会带着共同的牺牲感和共同的命运投入进来。

所以我开始寻找思路。我列了一张单子，上面列出了我们所有人都能分担一点痛苦的自然方式，这样我们就不会对任何人造成太大的伤害。它来自我的内心，而这些年来在谈论领导力指导原则的过程中，我的内心成长了很多。我想："如果我们实行无薪休假，每个人都可以无薪休假 1 个月，那会怎么样？我们也可以暂停 401（k）计划[①]，做一些更小的事情。"我给领导力团队发了一封电子邮件，说："让我们通过共同牺牲来找到渡过危机的方法。以下内容是我的一些初步想法，我很快就要从欧洲飞回，等我回来时，请大家聚在一起，商讨如何才能以一种体贴的、关心的方式完成这件事。"

我们的领导者以团队的形式工作，共同决定如何改进和部署我提出的想法以及如何与员工沟通。几天之内，大家共同审查了所有的想法，并把它们转化成了可执行的计划。由于共同牺牲的理念得到广泛接受，这个原本可能具有挑战性的过程变得相当简单。显然，我们知道什么是正确的应对方式。整个组织的团队成员都会分担这个负担，即使是那些没有受到严重影响的部门。我们决定团队成员每人平均有 4 周的无薪休假。

我们暂停高管奖金和 401（k）计划，减少差旅费用，并为即将退休的员工设计了一个慷慨的自愿过渡机会计划。我把自己的薪水从 87.5 万美元降到了 10 500 美元（这是我 1968 年在普华永道时的起薪）。

3 天后当我回到圣路易斯时，团队已经准备好了。我们决定不发送电子邮件，而是用视频的形式发送给整个组织，这样我就可以用尽可能自然的方式与他们沟通这个计划。在一个星期内，我们以关怀家庭的愿景为中心展开了一系列的行动。这条信息受到了热烈的欢迎，因为它是通过视频传递的，人们感受到了它的真实性。如果他们没有看到我，没有听到我声音里的关怀与关切，我想他们不会有这样的感觉。

---

① 401（k）计划：也称 401K 条款，始于美国 20 世纪 80 年代初，是一种由雇员、雇主共同缴费建立起来的完全基金式的养老保险制度。——译者注

以下是我在与公司员工沟通中所说的一些话：

我们想和大家分享一下我们领导层的最新举措，以应对全球经济危机对我们商业基础不断演变的影响。我们并非不受这些挑战的影响，但我们决心使我们的对策成为一种共同的牺牲和对我们以员工为中心的领导力的承诺，这将影响我们的审议和由此产生的倡议。

你们可能认识到，不同部门的影响差别很大，我们将要讨论的是在我们努力应对全球危机时经过深思熟虑的思考过程的结果。我们相信，在我们的能力范围内，我们已经制定了一个非常慎重的应对措施，一旦全面实施，它将使我们能够缓解收入的下滑。我们非常关心它会如何影响到每个人。我们试图传播这种影响，让每个人都感到我们在互相帮助。

在这个时候，我们的言语和行动将真正定义我们的文化，我们希望随着时间的推移，我们的团队成员会欣赏我们行动的诚意。在百威勒，我们努力“以影响人们生活的方式来衡量成功”。我们在领导力指导原则的开篇声明中认识到，领导力的主要责任之一是建立可持续的商业模式。当前的经济形势使我们作为领导者面临挑战，我们要确保每一个决定都符合这些基本理念。

为了肩负起责任，我们需要保持稳固的财务状况，以支持我们与资本提供者的牢固关系。银行业难以预测，因为它们试图从自身创伤性的金融状况中恢复过来，然而这也带来了挑战。我们需要确保我们的业绩支持一种健康的关系，使我们能够获得现金为我们未来的发展提供动力和支持我们的日常运营。幸运的是，我们 2008 财年的财务状况是我们历史上最强劲的，我们对银行关系的动态理解也很成熟。

由于我们的管理团队清楚地了解我们的共同价值观，以及如何根据这些价值观做出反应，我们整个全球组织的执行工作迅速而顺利。休假计划在10天内在全公司范围内展开。总的来说，我们实施了近2 000万美元的成本节约举措，保护了每个人的生计。为了进一步强调我们对领导力指导原则的坚持，我们不会损害我们对教育或L^3持续改进活动的承诺。我们鼓励团队成员利用空闲时间去学校上课。我们利用生产计划中的间隙来完成主要的精益改进活动。在继续进行的签名表彰活动中，团队成员找到创造性的方法使活动更有意义，而无须花很多钱在庆祝活动上。

令人震惊的是，反应比我们预期的好很多。几个月来，人们一直小心翼翼，担心会失去工作，似乎他们周围包括亲戚、朋友，甚至牧师在内的很多人都被解雇了。在那一瞬间，像癌症一样扩散的恐惧消失了，取而代之的是安全、感激和团结的积极感觉。休假计划让我们的团队成员知道了我们对他们的关怀。他们感到无比欣慰，因为他们还可以继续依靠自己的工作和收入。我们也感到欣慰，因为我们在采取行动保护未来。而在我们采取行动之前，一些人担心我们可能会逃避现实而忽视了经济危机的现实。士气急剧上升，因为人们意识到他们不需要再担心他们的工作。大多数人都乐于让出4周的薪水，因为他们知道这样做不是为了让公司更赚钱，而是为了让他们的同事不至于失业。

我们告诉人们："在最适合你的时候休假。"

一些领导最初说："哦，不，鲍勃，我们必须告诉他们什么时候可以休假，因为我们需要确保有足够的人手来完成工作。"

但我对此很坚决，说："听着，如果我们要求他们牺牲，那么我们必须给他们一些回报。我们会给他们灵活的时间去休假，就像他们生病时你会做的那样。”

所以我们的团队成员能够在对他们最有价值的时间段休假。有些人喜欢在夏天和学龄儿童一起外出；还有一些人利用这段时间去做志愿者工作。

一些团队成员则挺身而出，“花时间”帮助那些经济更拮据、无法承受失去 4 周工资的同事。他们说：“我可以请 6 周的假。如果有人只能请得起两周，我就请他们另外的两周假。”还有一些人需要被劝导才能腾出时间，他们只是更喜欢在没有报酬的时间里工作。我们坚持让他们在休假期间不要做任何与公司有关的工作。我们让人们表现出难以置信的关怀和真正的利他主义意识，帮助别人仅仅是因为他们想要这样做而且不期待任何回报。在某种程度上，休假成了给我们员工的一份礼物，而他们的回应是慷慨和关心。

比尔 · 尤里（Bill Ury）是世界著名的谈判专家之一，也是经典著作《谈判力》（*Getting to Yes*）的作者。他参观了我们的一些企业，亲身体验了我们的文化。当他得知我们所做的事情时，他的反应是：“当休假的想法发生在人们身上的时候，它的力量是巨大的！这是一个充满创造力的时刻。这也是一个充满信心的时刻。人们会有片刻的安全感，然后意识到，‘好吧，在这家公司，人真的很重要！’”

我们度过了经济衰退期，并产生深远的文化影响。你在最糟糕的时候是谁，并不等同于你在最好的时候是谁。你的价值观、信仰和文化在形势好的时候不会受到真正的考验。正如西蒙 · 斯涅克在他几次访问百威勒时所说：“你不能以一个公司的繁荣时期来判断它的质量。正如风平浪静时，你无法判断船员的素质。我们会在波涛汹涌的海面上去判断船员的能力。数字永远不会帮助你，而人们会。如果你觉得每个人都是一次性的，你猜怎么着？他们对你的看法也是一样的，这是相互的。”我们在那些最艰难时期用行动证明了我们对领导力指导原则的真正承诺，并见证了文化的真正融合，巩固了我们作为一家公司的地位。朗达还记得去威斯康星州的菲利普斯时，那里的人们在经济衰退期间没有工作，但她看到人们在地板上画线条，他们比她看到的任何时候都要快乐。

我们的业务在 9 个月后回升，远远领先于更普遍的经济复苏情况。事实上，我们的 2010 财年是创纪录的盈利年度！所以我们再次问自己，我们应该如何回应我们的信念。我对辛西娅说："你知道，情况好转比我们预期的要快。我想知道现在该怎么做才是正确的，因为在艰难时期我们曾要求人们做出牺牲。"

辛西娅说："那你为什么不给他们一张支票呢？"

我想了想说："你知道吗？他们放弃了 401（k）计划企业配缴款。我宁愿把配缴款补给他们，因为他们的退休对他们和我们都很重要。"所以我们多付了配缴款，直到我们完全恢复了他们所放弃的一切。据我们所知，我们是美国国内唯一一家这样做的公司。这是一个意义深远的行动，因为我们的员工在此前已经接受了那笔钱将会永远消失的事实。这也是一个表达我们真正关怀的明确声明。它告诉我们的员工："我们关心的是，你们在为退休而储蓄。感谢你与我们合作，你帮助我们挽救了公司，也保住了朋友们的工作。"

回顾过去，我们可以看到，我们共同的愿景和对"以影响人们生活的方式衡量成功"的坚定承诺给了我们创造力、道德清晰度和勇气，让我们可以去寻找超越传统商业规范的解决方案。我们也认识到，我们影响人们生活的最基本方式是确保他们在我们这里的就业——斯涅克称之为“安全圈”。用心致力于真正的人性化领导意味着设计一个为所有利益相关者提供满足感、成就感和安全感的企业。

当裁员发生时，人才的流失和士气的下降对公司文化的影响是毁灭性的。我们的经历却正好相反。虽然我们已经走过了7年多的以指导原则为中心的领导力之旅，但很多团队成员仍然不相信我们的诚意。在这段艰难时期，“言出必行”比我们在墙上裱好的愿景宣言更能传达我们的信念、加强我们的文化、巩固我们员工的忠诚。

我们一直在开诚布公地告诉大家我们是谁和我们相信什么。经济低迷对我们所有的领导者提出了挑战，要求我们不能辜负自己的承诺。幸运的是，我们多年来为建立信任和合作所做的一切工作，为处理危机奠定了重要的基础。在整个企业中，领导者们相互了解，相互理解，相互信任。当形势艰难时，就像在“共情”“以人为本”的文化中经常发生的那样，没有相互指责，也没有指手画脚。

正如我所说，2010年是我们历史上最好的一年。是因为我们对大萧条的反应方式吗？我认为是这种反应起了实质性的作用。从那以后，我们的财务状况一年比一年好。但更重要的是，那些对我们的文化之旅持怀疑态度的人向我们走了过来。在那些困难时期，我们的行为和坚守原则赢得了很多人的心。

反应

同事们不屈不挠的精神以及整个组织中每个人不断贡献的强烈愿望让我们备受鼓舞。尤其值得注意的是，即使是不太受影响的部门，如设计集团（Design Group），也非常愿意贡献自己的力量来传播影响力，让每个人都感觉自己强大得像一个团队。

来自世界各地的团队成员都发来了感谢信，许多人描述了他们是如何利用或将如何利用这段时间。例如：

集团公司的戴夫·贾尼尼（Dave Gianini）：我个人还未曾听到过有任何人抱怨我们用休假的方式来帮助保住工作岗位的方式。在谈判委员会的全力支持下，我们在绿湾的工会团队成员在自愿、非优先的基础上，在项目宣布后的几天内达到了1 400周休假的目标。401（k）计划企业配缴款暂停被大多数员工认为是过程中必要的一部分。我们在绿湾的UAW[①]团队成员投票以压倒性的票数同意暂停，并于6月1日生效。

设计集团的安布尔·弗雷德里克（Amber Frederick）：因为我们大多数的专业人士都一如既往地忙碌，所以有时很难接受这些倡议，但他们确实理解我们的家庭式方法，即每个人都拿出一点，以确保没有一个家庭受到破坏。

造纸机械公司的迈克·科沃特斯基（Mike Kwaterski）：我们向工会领导层提交了“自愿退休”计划，不久就将其介绍给了符合条件的员工，他们的反应令人惊喜。他们评论说：“我们在计划中可以清楚地看到，首要的重点是我们中的高级成员的退休决定，而不仅是强迫他们离开。当我们的律师检查它时，他们评论说对个人情况的每个阶段，这些选择是多么独特。”他们最后的评论真的很有趣。国际代表说：“我们感谢造纸机械公司提供这个项目，我们认为这是非常公平的，我们可以支持。即使我们有机会进行谈判，我们也不会提出更好的或更深思熟虑的方案。”还有什么能更好地证明，我们“共情”“以

① UAW（United Automobile Workers），即全美汽车工人联合会，是代表美国和加拿大工人的一家美国工会，是美国最大的工人协会。——译者注

人为本”的理念在这个项目中得到了体现？我收到的最独特的评论是来自一位男士，他完全符合接受自愿退休计划的标准。对大多数同事来说，接受它是一个“无须多想”的决定。当我和这位男士交谈时，他告诉我他花了整整45天的时间才做出决定，包括咨询密友、财务顾问甚至他的牧师。他正式拒绝了这个项目，并解释了原因。他说他生活中的一切都处于混乱和不确定之中，包括他所居住的社会和社区、股票市场、他的401（k）退休金计划和他的家庭生活。”他接着说，“目前我生活中唯一能指望的稳定的两件事，就是我的信仰和造纸机械公司，这两件事我现在都不能放弃。”多么好的声明！它展示了我们每个人对造纸机械公司其他850名员工和其家庭的负责任和重要性以及在这样的经济形势下，我们采取负责任的行动是多么重要。

百威勒纸业设备集团的谢丽尔·斯特利加（Cheryl Steliga）：视频交流很棒，我们的一个生产伙伴本来打算在那周辞职，并搬到别的地方去，但他在看了视频后改变了主意。我们是一个小社区中的大公司，公司的健康发展对这个社区至关重要。在杂货店或邮局里无意中听到一段关于百威勒纸业设备集团正在发生的事情的谈话并不罕见。很多同事都告诉我，他们的朋友认为他们在这里工作很幸运。

气压秤公司的格雷格·迈尔（Greg Myer）：所有员工至少有一位家庭成员、邻居、朋友或亲戚受到经济的负面影响。受影响的人不是失业名单上的数字，他们有家庭要照顾，有账单要支付，也对未来有抱负，有希望与计划。在纯粹私人的层面上，我已经看到了裁员带来的痛苦和破坏。我妻子辛勤工作31年后，和她的400个同事一起被解雇了。这些裁员已经够糟糕的了，但仅仅几周后，当地报纸上就出现了一篇文章，指出她所在机构的首席执行官将获得加薪，薪酬高达

1 500 万美元！有没有人想知道为什么美国制造业在对待工人的问题上一直受到指责？我的妻子告诉过很多很多人，百威勒的方法给了他们希望。

我们学到了什么

2008—2009 年的全球金融危机对大多数公司来说都是一次痛苦的经历。我们也是这样开始的。但是，因为我们有深入人心的领导力指导原则，确实是以影响人们生活的方式来衡量成功的，所以我们的前进之路很早就变得非常清晰。由于我们选择的应对方式，金融危机对我们来说实际上是因祸得福。它让我们得以巩固我们的文化，这是其他事情很少能做到的。它让所有可能仍然对我们的文化转型持观望态度的人打消了疑虑，并让他们非常坚定地加入真正的坚信者阵营。我们的士气上升了，我们的文化加强了，我们组织中持利他主义价值观的人数量呈指数级增长。

太多的公司对危机做出鼠目寸光和自私的反应。他们试图保护自己的利润和高管，牺牲普通的团队成员和他们的家人。美国记者、小说家、编剧乔治・帕克（George Packer）曾这样描述我们社会中的这种腐蚀性现象："在我们社会的高处，人们不会感到羞耻。某些社会规范和禁忌已经消失了。'有些事情你真的不应该做'的想法已经消失了，比如解雇 20% 的员工，但作为 CEO 给自己一个大大的加薪，却是很常见的事情。"①

---

① Dan Oppenheimer，"George Packer：Don't CEOs Have Any Shame ？" May 26，2013，http：//www.salon.com/2013/05/26/george_packer_dont_ceos_have_ any_shame/.

我们经营一家公司的使命，不是为了让本季度、本年度甚至这10年的利润最大化，而是正在努力建立一个能够持久并为所有利益相关方创造价值的机构。我们想再一次引用西蒙·斯涅克的话："下次有人问，'你的使命是什么？'不要再说'将总收入增加100万美元或1 000万美元'或任何你明年想做的事情。而是说，'我们正在建立一家能够持续100年的公司，不是致力于解雇员工，而是要给他们奉献的机会，如果他们失败了，就帮助他们；如果他们再次失败，再帮助他们重新站起来……如果你认为你太忙了，没有时间和精力分给你的员工，那么他们会忙到没有时间和精力给你。这是一个平衡的等式。'"

在我们继续往下说之前，还有最后一个想法。许多人惊讶地发现，真正的人性领导力竟然诞生于工业化的美国。他们觉得在这样一个有工会、工厂、机械师和装配工的地方发生这种事很奇怪。但它就是在这里诞生的，而不是在纽约或硅谷。它诞生在一个不太可能的地方，这就是它的力量的一部分。我们就是一个活生生的例子，证明在最具挑战性的情况下也能做到这一点。就像弗兰克·辛纳屈（Frank Sinatra）唱的那句关于纽约的老歌：如果你能在这里做到，你在其他任何地方也都能做到。如果我们能让真正的人性领导力在这些旧世界的工业企业中发挥作用，那么你当然也能让它在当今大多数人都参与的企业中发挥作用。

在本书的第二部分，我们将探讨如何将这种商业方法应用于世界上任何地方、任何行业的任何公司。

第二部分

战术

第七章
展望理想的未来

现在我们来看看，怎样才能像百威勒那样成为真正的人性化企业。当然，和所有旅程一样，百威勒的旅程是一个非常特殊的、有它自己的曲折和起伏之路。但这个故事也有原型的一面，就像神话学家约瑟夫・坎贝尔（Joseph Campbell）发现的个人转型故事一样，他把这些故事称为“英雄之旅”。有没有可能将百威勒集团 40 多年来的经验教训应用到其他历史、文化、背景和领导者都完全不同的公司呢？

我们坚信可以如此。百威勒所采用的方法是普遍适用的，亦可以个性化适用于各种类型的组织。所以无论这个组织是企业还是非营利组织，是私人企业还是上市公司，是大还是小，都可以做到。正如俗语所说，万物存在皆可能。百威勒的战术现在已经在全球范围内近 80 次收购（或者，我们更喜欢称为收养）中被实施。在本书的其余部分，我们将用更具操作性的表达方式来描述这个战术，让任何希望进行这段旅程的组织都可以这样做。任何人都没有必要重复过去的错误，每个人都可以从我们的经验中受益。

我们要解决的问题是：“我如何让它在我的组织中发生？我该如何将我的利润驱动、专注产品、过度管理、人浮于事的公司，转变为

‘共情’‘以人为本’的公司？在这里，成功是以我们对人们生活方式的影响度来衡量的，几乎每个人都是一个领导者，几乎没有人是经理，我们的员工每一天都充满热情、坚定和被鼓舞，办公室政治和琐碎八卦已然不再，只有真正关心每一个人作为一个珍贵的人，认可和庆祝他们与生俱来的善良。”

我们相信并且多次体验到，如果你照顾好你的员工，他们就会照顾好你的企业。如果你真诚地让他们知道他们很重要，他们会以同样的方式回应你。信任是领导力的基础，如果你信任别人，别人也会信任你。如果你让他们参与为企业的未来创造一个共同的愿景，然后给他们行动的自由来支持这个愿景，他们就会负责任地、创造性地和热情地这样做。如果你创造了正确的文化和可持续的商业模式，平凡人也可以做出非凡的事情。基本原理就是这么简单。

真正的人性领导力十诫

1. 从关注你所影响的生命开始每一天。
2. 要知道，领导力就是对托付给你的生命的照管。
3. 拥抱每天让人们安全、健康、充实地回家的领导力规范。
4. 将所有行动与关于美好未来的、鼓舞人心的愿景相结合。
5. 信任是一切关系的基础，采取相应的行动。
6. 寻找别人身上的优点，每天都去发现并赞美它。
7. 对任何人的要求都不比对自己孩子的要求多或少。
8. 用明确的乐观态度去领导。
9. 认识并适应每个人的独特性。
10. 永远以你影响别人生活的方式来衡量成功！

大多数人相信眼见为实。而我们要求你接受这个前提："只有当我相信它的时候，我才能看到它。"世界各地的人们都渴望在商业和其他领域发生积极的变化，他们在等待真正的领袖来领导，也在渴望分享自己的天赋。把那些马上接受这个前提的人招进来，也请耐心地照顾那些警惕的人。如果你对他们幸福的承诺是真实的和坚定不移的，他们最终会得到幸福，并以一种你根本想象不到的方式超越你的期待。

无论你的公司成立多长时间，无论你面临什么样的挑战，这都没关系。百威勒成立于1885年，直到一个多世纪后才开始转型。企业的伟大之处在于，尽管背负着所有的历史、所有根深蒂固的传统功能失调的管理方法以及所有不健康的关系和腐蚀性文化的包袱，但随时都有可能按下重置按钮，接受一种不同的存在方式，并经历戏剧性的变革。

当然有意义的变革既不容易，也不是一蹴而就的。真正的人性领导力是超出了大多数人在整个职业生涯中学到和经历的领域。你领导的人已经准备好了，而真正的阻力很可能来自你的领导团队，因为他们从未被这样教导或经历过。这需要首席执行官（以及上市公司的董事会）真诚、真挚和灵魂层面的承诺，他们必须有意识地选择以正确的理由、以不同的方式来进行领导。人们是敏锐的，能明白你为什么要这么做。一些领导者只是采用真正人性领导力的语言和策略，意图是为了从人们身上得到更多，从而产生更好的财务结果，其实是在浪费时间。我们可以保证这种做法不会奏效，用错误的理由做正确的事情必然导致不健康的结果。但如果你采纳这种方式来帮助人们发现天赋和才能去实现人生目标，如果你真诚地努力成为他们生活的好管家，让他们能够成为他们生活的好管家，你将见证人类潜能的非凡绽放。这就是我们在百威勒的动力所在，我们的企业不是建造机器，而是营造生活。当我做完这一切，我将会回首往事，为我们影响的所有生命感到骄傲，而不是为我们建造的机器感到骄傲。

转变一种文化的最佳时机是当企业处于健康状态、没有危机，也没有生死攸关的问题的时候——就如同当人们还没有被疾病缠身时，他们就应该采取更健康的生活方式一样。不幸的是，人性就是如此，往往需要一个“燃烧平台”才能迫使人们采取有意义的行动。永远不应该走到这一步，但那些确实发现自己处于这种境地的领导者必须迅速行动，采取能够争取时间和重新燃起希望的措施，同时能够实施更长期的变革。这些年来，我们收购了许多陷入困境的公司，在重振这些公司的过程中，下面这些方法对我们很有帮助：

1. **传达希望、耐心和关怀的强烈信息**。苦苦挣扎的企业充满了恐惧、不确定和怀疑。作为领导者，你有责任表达脚踏实地的乐观情绪，并尽可能多地重复：“我们相信你，我们知道如何做，我们有时间，我们将帮助你创造一个更美好的未来。你现在是这个家庭的一员了，我们会尽我们所能帮助你发挥你的潜力。”

2. **立即采取切实行动“让病人健康”**。解决最引人注目的问题，突破明显的瓶颈。你需要看到一个更光明的未来，并优先为未来的计划打下基础。聆听你的团队，让他们参与创建一个愿景，并给予他们负责任的自由，让他们采取行动，以推动公司朝着这个愿景前进。

3. **开始建立团队合作和统一感**。打破各自为政的局面，结束使企业的一部分与另一部分相互对立的不正常做法。组织每天的“接触会议”，让人们开始建立关系，帮助每个人在达成共识的基础上开始新的一天，并清楚地了解优先事项。

4. 发现做对事情的人。当你开始这段旅程时，确保你与你的团队保持联系，倾听他们的意见，深思熟虑地分享你的计划，并发现他们在做对的事情。庆祝所有的进步，哪怕是最微小的一步。

有人曾经问大提琴大师巴勃罗·卡萨尔斯（Pablo Casals）：“你是如何把大提琴演奏得如此美妙的？”他回答说：“我在演奏之前先听。”

撑杆跳冠军约翰·尤尔斯（John Uelses）用一个生动的胜利景象来激励自己的表现，而高尔夫选手杰克·尼克劳斯（Jack Nicklaus）则表示，愿景“给了我通往奖杯的一条清晰的线，就像它已经烙印在我的大脑上一样清晰。有了这种感觉，我所要做的就是挥杆，然后顺其自然”[①]。

回顾2002年年初，来自百威勒团队的20名成员齐聚一堂，系统地利用我们的经验教训来推动组织对领导力和鼓舞的理解。在此之前，他们通过提前阅读作业、个人反思和彼此分享想法来为聚会做准备。团队从围绕两个主题的圆桌讨论开始：伟大的领导力是什么样的？我们可以使用什么技术来激励人们？当与会者讨论这些问题时，一些强有力的东西正在清晰地出现。两天之后，我们具有开创性的愿景文件诞生了，它就是领导力指导原则。

文件的第1行：“我们以影响人们生活的方式衡量成功”，这已成为我们的文化标志。第2行：“一个清晰且引人注目的愿景，体现在一

① George Land and Beth Jarman, “Future Pull: The Power of Vision and Purpose”, *The Futurist*, July/August 1992, 25.

个可持续的商业模式促进个人成长。”领导力指导原则的作者们表达了一个不仅仅是创造一个好的工作场所的愿望。他们认识到，确保我们有一个可持续的商业模式，对我们企业的长期生存能力和我们员工的生活至关重要。如果我们的商业模式有缺陷，我们就不能很好地管理组织中的团队成员。

我用“人、使命和业绩”来概括这一点。这一切都始于我们关注那些把生命托付给我们的人，然后我们围绕一个共同的使命团结在一起，互相激励，通过我们的业绩创造价值，以维持和发展我们的组织。

为什么愿景很重要

愿景就像矗立在岩石海岸上的灯塔，帮助指引我们安全到达我们想去的地方。一个组织的愿景为组织中的每个人描绘了一幅引人注目的、令人向往的未来的清晰图景。

我们中的许多人——个人和企业都一样——在生活中随波逐流，并对短期刺激做出反应，我们相信这种反应会进一步促进我们的反应。我们的计划范围往往局限于我们眼前能看到的东西，我们总是在处理当前的一组紧急优先事项，然后进入下一组。

愿景就是提出一些大问题：我们将走向何方？我们为什么要去那里？当我们到达那里时，我们的每一个利益相关者将如何变得更好？一个好的愿景有助于组织明确目标，激励所有的团队成员，并允许领导者做出决定让我们朝着目标前进。

许多人认为企业的使命是利润最大化，对于上市公司来说就是股东价值最大化。但这是一个过于简单的想法，如果从字面上看，它可能会对人们造成巨大的伤害，并损害企业可持续地产生任何价值包括长期财务价值的能力。这不是真正伟大企业的领导者思考自身使命的方式。每一个伟大企业的使命通常是更深刻、更卓越的，可以对世界和人们的生活产生积极的影响。

股东价值最大化的教条实际上是最近才出现的现象。正如康奈尔大学（Cornell University）的林恩·斯托特（Lynn Stout）教授所言："股东价值思维来自学者和官僚。这不是法律规定的，也不符合美国历史上的商业经验。"[①]

幸运的是，现在有越来越多的人接受这样一种观点：企业应该有一个超越盈利的更深层次的使命。例如，"觉醒商业"运动将"更高使命"列为"觉醒企业"的四大支柱或原则之一，其他三大原则包括利益相关者导向、觉醒的领导者和觉醒的文化。

一个清晰的愿景可以将组织的使命和价值观传达给组织中的每个人。它成了领导者的试金石，领导者做出的每一个重大决定都应该与愿景保持一致。在充满挑战的时代，这一点尤其重要，因为领导者往往会忍不住做出一些目光短浅的决定，而与组织的文化与价值观背道而驰。愿景不仅能帮助团队成员理解组织的发展方向，并感觉正在与比他们自己更大的事物相连，也可以加深与客户、供应商和投资者的联系。

组织中的每一个人都应该意识到愿景并受到它的鼓舞。愿景被概括在一份声明中，生动地描述了实现组织使命的情景和体验。例如，强生公司（Johnson & Johnson）设计和制造矫形植入物的部门的愿景

① Interview in Kim Ann Curtin，Transforming Wall Street：*A Conscious Path for a New Future*（Lake Placid，N.Y.：Aviva Publishing，2015）.

是“恢复运动的乐趣”。REI（美国户外用品连锁店）的愿景是“让人与自然重新建立联系”，而西南航空则致力于“使航空旅行民主化”。

拥有一个愿景并不是一个激进的想法。但是我们有一个关于愿景的特定观点，那就是它应该以人为中心。然而大多数愿景陈述都与公司的产品及其对客户的影响有关。我们却相信，无论你提供什么产品或服务，员工都可以成为你的使命。其他公司可能通过财务成果或行业荣誉来衡量成功，但我们非常清楚衡量成功的标准是我们对员工的影响。

良性循环

商业发展和人员发展不是两个独立的概念，而是创造价值的彼此互补的部分。我们称为“良性循环”。

公司通常将员工视为最重要的资产。在大多数情况下，这真正意味着他们关注的是人，所以员工会为公司生产。我们相信，我们需要为我们的员工提供成功的机会。套用亚伯拉罕·林肯（Abraham Lincoln）的话：百威勒的事业是民有、民享、民治的事业。这意味着我们要不断地为员工创造成长和发挥潜力的机会。

大多数企业利用人力来制造产品和赚钱，而我们用产品来培养人才。这就是为什么有些人把我们描述为一家“颠覆”的公司。我们正在建立一个这样的组织和文化：人们可以在其中发现自己的天赋和茁壮成长。我曾经接受过一位研究组织发展教授的采访，两个小时后他感叹道：“我从未采访过不谈论自己公司产品的 CEO。”

我回答说："我们已经谈论产品两个小时了，产品就是我们的员工。"

我们关注的是员工，但如果你所关注的只是公司每年都能做到收支平衡就行，那么你可能就不必再读这本书了。我们不是非营利组织，而是一个创造坚实财务价值的公司。我们虽然是一家私人公司，但有一个模拟市场的股价，20 多年来我们的股价以 16% 的复合增长率增长。这是很少有公司能与之媲美的纪录，无论是上市公司还是私营公司。①

我们欠员工一个充满活力的未来。如果不能创造可持续的商业价值，我们就不能为员工创造未来，也不能给他们成长的机会。许多人对设计产品充满热情，我们则更热衷于围绕人设计我们的商业模式。无论外部发生什么，我们这样做可以让每位员工都有一个安全的未来。员工需要安全感，需要相信他们可以和我们一起开创事业，并可以买车、买房、送孩子上大学以及在合理的经济保障下作出其他重要的人生决定和承诺。我们关心绩效，是因为我们明白：我们每天都是成千上万条生命的管家，而这些人反过来又会影响更多的生命。

公司仅仅成为一个伟大的工作场所是不够的，员工也想要成为成功的团队的一部分。我们的成功对所有利益相关者都很重要。我们的客户希望知道，我们将在那里支持我们的设备使其达到预期寿命。我们接触的社区希望知道，我们将能够为这些家庭提供经济基础。我们的供应商希望我们继续与他们交易，并帮助他们变得更好。最后，我们的股东想知道，我们是一个很好的投资对象，这样他们才能确保自己的未来。如果我们没有成功并不再存在，我们就失去了影响别人生

① We calculate value creation using the well-accepted "Economic Value Added" share price methodology developed by Stern Stewart. This allows our team to "monetize" their vision to ensure they are creating economic value, which we recognize as critically important to our stewardship of the lives of our stake-holders.

活的机会。我们为我们创造的伟大产品、为客户提供的卓越服务以及我们创造的价值纪录而感到自豪。成为一个成功的团队是百威勒文化的重要组成部分，但我们做到这一点的方式甚至比我们取得的成就更重要。

商业愿景和文化愿景

为了让百威勒实现良性循环，我们勾画了两种愿景：商业愿景和文化愿景。商业愿景是一种梦想我们的商业未来的方式，并创建一个路线图让我们实现目标。我们从理想出发，而不是从我们现在的位置出发，并寻求渐进的改进。我们要求领导团队思考什么是可能的，而不是 3 年的财务计划中可能包含什么。这是关于我们“做什么”。

而文化愿景是关于我们的“为什么”，关乎价值观和行为：我们该如何对待彼此，才能让我们都能真正心满意足地回家？百威勒的文化愿景是一个严格的流程，已在内部应用于安全、持续改进和幸福感等领域。我们还利用它来帮助开发制造卓越协会、美国空军空中机动司令部、我们的 LISTENS 社区（一个主要由查普曼家族基金会资助的非营利组织）和罗盖特美国公司（Roquette America）等的愿景。

我们从 2001 年开始使用愿景流程，让我们来看看愿景流程是如何在百威勒设计集团运作的。设计集团为许多大公司提供工程和技术服务，包括设计和建造完整的制造设施。这是我们为数不多的几项白手起家而非收购的企业之一，它通过有机创新[1]获得了显著发展。和

① 有机创新：是指注重品类革新的一类创新，把资源从衰退型品类转向成长型品类，一般通过内部研发，以实现衰退型市场地位的差异化。——译者注

大多数咨询机构一样，设计集团没有知识产权或技术专利。在这样的组织中，让员工每天工作时对自己所做的事情感受到鼓舞是至关重要的。从一开始，设计集团的领导就专注于文化、成长和专业发展。由于担心公司发展和规模化会损害文化，他们很早就做出了一个有意识的决定，即在发展的过程中制定一份他们渴望拥有的文化声明。他们经历了一个设想的过程，最终形成了一个他们称为“文化规则”的文件。

在商业方面，公司最初的10年里并没有太多的愿景；领导者从来没有停下来问过：“我们要去哪里？”或者“明年会是什么样子？”这是在用一种机会主义[①]而非实事求是的方式塑造公司的未来。设计集团被一些领导者的乐观和激情所鼓舞。唯一的愿景是建立一个意义重大的、意图纯粹的，即成为一个真正独立的咨询公司，为年轻的工程师提供一个美好的未来。

一个决定性的时刻出现在2001年，当时设计集团管理合伙人乔·威尔海姆正在为我做一个商业战略的报告。当乔正在介绍下一年的预算和3年的财务计划时，我打断了他。与大多数组织一样，设计集团通常会关注其当前的业绩，并在此基础上设定合理的增长水平。我向乔发出挑战，请他给设计集团下一个定义：“请告诉我，如果您的发展能力仅限于可以将优秀人才吸引到成熟的商业模式和充满活力的共情文化中，那会有什么是可能的？您可能会成为什么样的人？”这是一种粗略的愿景形式，仅基于设计集团为组织带来优秀人才的能力。

① 机会主义：是指为了达到目的而不择手段，突出的表现是不按规则办事，视规则为腐儒之论，其最高追求是实现自己的目标，以结果来衡量一切，而不重视过程。——译者注

乔对此有点不敢回答。领导者都想要做到言出必行，尤其是面对公司的首席执行官。我是在让乔和他的同事走出他们的舒适区，想想什么是可能的。而乔担心他说的话可能会影响到他的预算，并改变他的领导力团队的激励计划。

我让他相信我。“我希望你退后一步，思考什么是可能的，以及你如何以一种有原则的方式来做，这将有利于我们的员工，有利于我们的股东，并将为与公司有关的每个人带来发展。”

从那一刻起，我们开始从传统的“年度预算”转向更强大的领导力工具，去想象未来会带来什么。我在商学院从来没有学过愿景流程，在做审计的时候也从来没有体验过。当我们抛弃了传统的渐进思维，开始共同探索什么是可能的，我们就开辟了一种新的思维方式和领导方式。我相信这种愿景流程是领导力中最强大的工具，它对于成为企业及其文化的优秀管理者至关重要。《生活的艺术》（*The Art of Living*）一书的作者威尔弗雷德·皮特森生动地描述了愿景的力量：“与梦想家、信仰者、勇敢者、快乐者、计划者、实干家、成功人士同行，他们奇思妙想又脚踏实地。让他们的精神点燃你心中的火焰，让这个世界比你发现它时更美好。”

我们雇用了大量的专业人员来满足我们的工作需求，这刺激了我们思维的戏剧性变化。我们问自己，是否能继续以这样的速度增长。我们研究了最快的增长率，并将其作为我们未来的目标增长率。而设计集团在当时只是百威勒集团的一小部分，也是该行业里的一个小玩家。我们认为，如果拥有具有竞争力的专业人才，我们的市场就有无限的增长潜力。

设计集团的“地平线计划”（Horizon Plan）创造了在5年内翻一番的机会。我们鼓励领导们与大家分享这个计划。它也成了开设新办事处和招聘更多专业人员的路线图。乔给全公司写了一封信，说：“我们计划在未来5年内把公司的规模扩大1倍。我们不知道这段旅程将如何发展，但我们可以预见它可能会是什么样子。”每位领导都被要求确保办公室里的每个人都明白，这对他们来说意味着什么。

乔回忆说：“我们希望员工能受到鼓舞，觉得自己是一个不断发展壮大的公司的一员，公司对未来的规划会对他们的生活产生积极的影响。我们想让他们感到有所成长。哪里有成长，哪里就有活力和个人实现价值的机会。人们蜂拥而至，就像口渴的人被水吸引一样。他们受到了鼓舞。我的角色则更像是一个拉拉队队长，一个能确保各个愿景协调一致的人。”

一开始领导者有些担心失败，担心无法实现雄心勃勃的愿景。我一直说：“如果我们没有实现愿景，但仍然经历了健康的增长，这仍然是一个积极的结果。”我向他们保证，如果他们达不到要求，也不会因此而受到惩罚或产生负面结果。因此，“地平线计划”成了设计集团的路线图和经营业务的蓝图。结果，设计集团的规模在接下来的3年里翻了一番，在接下来的几年里又翻了两番。

快进到现在，设计集团现在每年都会举办一次滚动3年的企业愿景会议。在2014年的愿景会议上，约135名公司领导参加了9个不同的互动会议，其中每个小组都有15~20名专业人士。会议按区域和国家实践小组分组。在每个阶段，人们都会退后一步，问自己：“什么是可能的？我们能成为什么样的人，我们又如何实现它？我们需要雇用哪种类型的人？这对我们的专业人士意味着什么？”每个团队都为自己的愿景作出贡献，并拥有全部所有权。公司制订了一个具体的计划：未来几年将从目前的900名专业人员增加到2 500名。

商业愿景具有财务含义，但愿景不是由财务驱动的。乔·威尔海姆澄清道：“我们使用商业愿景来创建和完善我们的路线图。在这一年中，我们都在监控我们的业绩与理想状态相违背的情况。我们利用这些信息来决定在哪里开设办事处，如何扩大业务。当我们进行愿景规划的时候，我们总是这样开始：‘我们永远不会向我们的文化妥协。这对我们的员工意味着什么？这将如何提供晋升的机会？’我们从来没有在会议开始或结束时问：‘我们怎样才能赚更多的钱？’它甚至从未进入议程。我们相信，当成功的愿景与意义、使命、原则、关怀和强大的文化相结合时，强劲的收益就会随之而来。但如果你只是为了盈利而创业，那你就不知道未来会发生什么。事实上，这可能会产生相反的效果。”

愿景流程

一个好的愿景流程可以完成几件事。第一，它使隐性的东西显化，推动组织阐明它的假设、信仰、价值观、禁忌、恐惧、梦想和抱负。第二，愿景帮助我们描绘出一幅我们想要成为的组织的生动画面，而不会被我们现在或过去的组织过度地限制。我们努力用语言表达：如果我们能够将最好的想法和思想结合在一起，那么我们就能创造一个更美好的未来。第三，愿景流程建立了凝聚力。它将整个组织的个体聚集在一起共同关注长远的未来。除了它的输出，这个过程本身也是有价值的，因为它增强了组织内部的沟通和理解，打开了人们的视野，让他们看到以前可能没有考虑过的可能性。它创造了一种在未来共享所有权的感觉，激发了新的主动性。它在说：“我们关怀和在意。”因为我们聆听了每个参与者的意见，并朝着共同的愿景发展。

来自整个组织的深思熟虑的参与是至关重要的。人们必须对公司的当前状况了如指掌。如果你不知道你从哪里开始，你怎么谈论你要去哪里？由于种种原因，我们的运作具有不同寻常的透明度，向人们提供的信息比绝大多数公司提供的要多得多。透明度确保人们了解企业的当前状态，并理解他们在确保企业生存能力方面的角色。就像在体育比赛中一样，人们需要一个记分板来了解一种他们在比赛中所处的位置。

每次收购后，我们都会介绍我们的文化和商业成功，以吸引新的团队成员。我们还与人们分享他们所参与的企业在过去的业绩信息，分享这样的信息可以建立信任并展示诚信。在介绍时，人们通常都会目瞪口呆地看着我们。他们可能在这家企业工作了15年、20年或25年，却从未见过任何财务信息。人们惊讶于我们如此信任他们而愿意分享这些信息。大多数私人公司热衷于保持财务信息的私密性，但是你能想象人们在比赛中在不知道比分的情况下如何充满激情地进行一项运动吗？

创建一个引人注目的愿景，并将其转化为一个可执行的计划，需要一个严格的过程。在大多数组织中，愿景创建需要几个月的时间，需要与不同的小组进行多次会议。我们开发了一个聚焦在愿景的流程，将人们聚集在一起，在几天内创造出一份出色的文件。它之所以有效，是因为它能够吸引人们，重视所有的贡献，并在想法被精练成清晰、简洁和引人注目的文件时创造出强大的团队动力。

回顾我们的旅程，我们发现了以下对文化愿景至关重要的元素：

1. **有目的的准备**。愿景之所以能持久，部分是因为精心的准备和引导愿景会议。最终的产出是人们汇聚在一起的原因。这一过程本身就具有巨大的价值。我们以一种有意义的方式利用前期工作，通过富有洞察力的阅读、视频、反思性评论，提前将人们带到一个鼓舞人心的地方。

这种前期工作让人们有机会在同其他与会者见面之前就听到他们的声音，帮助他们迅速投入工作，并在短时间内创建强大的团结。

2. **多元化的参与者**。愿景不是由高层领导团队精心打造的，而是由具有代表性的跨部门员工创造，他们拥有责任心和多元化的视角，并基于他们的领导潜力被邀请参加。他们代表组织中不同的角色和业务。我们利用他们的集体智慧，并设计这个流程让每个人都能被听到，没有一个声音占主导地位。

3. **关注人**。虽然大多数愿景陈述集中在产品或服务上，但我们的愿景是关于我们对人们生活方式的影响。

4. **描述理想状态**。我们关注的不是我们认为自己是谁，而是我们想成为谁。我们鼓励参与者大胆思考，不要害怕被束缚在财务目标下或我们将如何实现愿景的计划上。我们致力于对话什么是可能的，并描绘了一幅理想组织的生动画面，如果我们能够消除所有约束，那么我们将想要创建这个理想的组织。

用愿景来解决问题

在百威勒，我们用愿景流程来解决我们面临的每一个重大挑战，包括安全、团队成员健康和激励一致性。这种愿景流程的使用可以追溯到1999年。

我们刚刚完成了对蒂勒、阿克拉普利（Accraply）、海森和比米斯包装机械公司的收购。第一次，我们有了一个部门总裁的群体，他们以同事的身份联系在一起，并开始建立关系。在这些收购之前，我们通过一个集中的销售组织来接触市场，以充分利用我们每个公司的市场占有率和客户群。随着我们的发展，我们开始经历市场上的冲突，这对我们的销售团队来说是不健康的，对客户来说也不是有效的。我们的发展已经超出了我们的市场策略。总裁们的同侪群体试图建立一个更好的销售组织结构，但无法达成共识，于是向我寻求帮助。

那天我嗓子哑了，所以我关上办公室的门，避免说话，并开始思考这个问题。我没有从目前的状况着手解决组织和关系方面的挑战，而是想："我们理想的市场策略应该是什么样的？"我开始写下我认为的"销售主管的理想行为"。

当我完成时，我邀请了一小群不同的团队成员来帮助我完善它。我们提出了这样的声明："我们将以信任为基础来运作。共享的信息和开放的交流创造了竞争优势。在你能增加价值的时候参与进来。"

带着我们想在市场中如何表现的简单愿景，我们问自己："什么会促使人们那样做？"根据我们得到的反馈，我们重组了销售组织，采用了新的沟通媒介，建立了激励机制来鼓励正确的行为，并为那些接受变革的人制定了认可和庆祝项目。我们的重点是创造一个更有效（efficient）的方法来服务市场，提升（enhance）我们的销售主管和客户的销售体验，并授权（empower）销售主管，因此这个项目被称为 E^3。

在整个愿景流程中，朗达·斯宾塞一直专注于当前状态中存在的挑战。我鼓励让她专注于可能发生的事，而不是我们现在的处境。例如，当我们设计激励计划时，她主张加入一些保障措施，以确保人们遵守规则。我说："不，我们说过要相信别人。让我们相信他们会做正确的事，如果有必要，我们会做出改变。"当我们信任人们，他们也会以高度值得信赖的方式予以回应。

在项目的第一年，我们发现了 2 000 万美元的机会，这些机会是我们没有 E^3 项目就无法看到的。文化环境几乎在一夜之间发生了变化。

言行一致

起草一份愿景陈述是相对容易的，更重要的是在文档写好之后，你该如何处理它？将它迅速传播到整个组织深深植入人们的头脑和心灵是至关重要的。我们通过小组会议来做到这一点，在小组会议中，领导者交流愿景，并要求员工找出他们所经历的现实和所陈述的愿景之间的差距。一旦发现了这些差距，领导者就会立即采取措施消除它们。如果他们不能这样做，他们也会解释原因。

安全愿景

作为一家制造企业，我们始终把安全放在第一位。没有人会在早上起床后，决定不带手指或脚趾回家，或者决定要遭受其他严重伤害。然而，尽管我们的工作做得很好，到处都有海报告诉他们如何保持安全，人们还是经常会过度冒险。

很快，我们的几家工厂接连发生了一些非常严重的事故。在一起事故中，一名员工正要加工一个非常大的金属板，却没有意识到之前加工它的人没有把它夹紧。它滑了下来，砸在他的脚上，造成了严重的挤压伤，让他失去了半只脚。另一名员工正在一台大型金属折弯机内工作，他问正在操作电气面板的同事："你确定它安全吗？"工程师回答："哦，是的，它被锁定了。"但事实并非如此，这名员工被卷进了机器，严重受伤，还差点因失血过多而死。

这些都是可怕的事故，我们尽了最大的努力来处理它们。不久之后，一位财务主管走进人力资源总监的办公室说："我们有个问题，工人补偿成本大幅上升，我们必须做点什么，否则预算就会超支。"

按照惯例，我们暂停下来并退后一步，以更深入的方式思考这个问题。为了把它与我们的整体价值观和愿景联系起来，我们决定开一个关于安全的愿景会议。我们说："我们衡量成功的标准是我们影响人们生活的方式。"这对安全意味着什么？真的是关于工伤赔偿费用和事故损失的天数吗？我们不这么认为。

团队最终提出了以下愿景，我们称为"安全契约"："我们承诺让团队成员每天安全回家。"实际上是在说，"我们不想让朋友们受到伤害。"

我们接受了这个关于安全的新愿景，在一年内，工人的薪酬成本下降了一半，一直低于行业平均水平。为什么？因为我们提倡安全而不是简单地告诉人们安全措施，并为他们进行检查。我们这样做的出发点是更关心人而不是成本。我们唤醒了人们，让他们认识到互相照顾的共同责任。现在我们所有的人都在保持警惕，修理任何可能不安全而有可能伤害他们或朋友的东西。

一个好的愿景流程在组织中创造了这种方式的倡导者。参加会议的人通常会被这种经历激励，从而成为新愿景的热情大使。他们开始践行这一愿景流程，成为组织内可见的象征和热情的倡导者。

恩格尔·马丁公司（Engle Martin，福赛斯资本投资组合公司）的董事长约翰·奎因（John Quinn），讨论参与者在新愿景的鼓舞下重返组织的感受："创建'EM 方式'的文化会议确实很有影响力，但在会议之后的几周和几个月里，我们在整个组织中分享这一愿景的方式更具影响力。我制作了一个视频信息和公司里的每个员工分享。然后，我们让高级工作人员与每个区域办事处的工作人员进行面对面对话。这些对话至关重要，原因有二：第一，我们的专业人士可以看到我们的肢体语言和感受我们对此的承诺；第二，我们可以亲眼目睹他们如何立即用信息和行动回应和解决问题。我们已经将它嵌入关键的组织流程中，包括招聘、新员工培训和绩效管理。随着时间的推移，它已经不再是公司的墙纸了。这是我们所有人都坚信的东西，它经受住了市场起伏和多次收购的时间考验。"

我们所有的愿景宣言都充满了活力和生机。我们的员工并不把它们视为理论上的抽象概念，而我们的领导者则经常被要求去实践它们。人们会说："这不是很符合领导力指导原则。"它就像灯塔里的明灯，确保当我们迷失方向时——我们有时不可避免地会那样——能迅速纠正我们的航向。

我们以设计集团的乔·威尔海姆关于愿景对企业和他个人作为领导者的意义的思考作为结尾：

在 2001 年，最初的设想还有些令人不安。设定一个宏大而果敢的目标是一回事，但没人愿意向公司的首席执行官承诺太多因为有可能结果落空。但随着时间的推移，我开始意识到我有鲍勃的充分信任和支持。很明显，追求雄心勃勃的增长目标对组织是有益的，但如果我们没有达到这样的目标，鲍勃并不打算“惩罚”我们。当我们取得一定程度的成功时，领导团队的信心也越来越强。一个雄心勃勃、原则性强的愿景让我对我们的目标有了更深刻的认识。它鼓励整个领导团队要有远大的目标，“要为明星而奋斗”。我个人开始以负责任的方式“跳出框框”思考，不再受与预算目标相关的传统计划流程的约束。

通过愿景流程获得更大的成功，使我们能够快速发展团队，并促进我们专业人员的职业发展。成长带来了组织内部的晋升和职业发展。于我来言，愿景流程对人们的意义是最令我满意的。最终，愿景流程让我成了一个更好的领导者。它是所有组织中领导力的核心要素。

第八章
新的领导方式

史蒂夫·克里默（Steve Kreimer）曾是总装员和催交员，后来成为我们的百威勒纸业设备集团的设施主管。因为他热情的举止和身为南方人的慢条斯理，史蒂夫的个性给他增添了比大多数传统经理人更温和的感觉。在公司被百威勒收购之前，他已经在巴尔的摩的工厂工作了 20 多年。

史蒂夫知道如何做一个主管，他的日常工作都以他的前任为榜样。他确保员工准时到场，处理返工、加急零件，以及处理其他出现的问题。史蒂夫总是想做正确的事，工作之余，他是一名志愿消防员。在一家坚持传统商业思维模式的公司里，他尽可能地以人为本、提高共情力。被收购后，我们向他介绍了我们在工厂的领导力指导原则，并建议他可以成为一个领导者、一个新文化的管家、一个教练和导师。他看着我们说："我很想去，但我不知道我该做什么。"

他继续说："我看到了愿景，事实上，我很喜欢这个画面。但你到底想让我每天做什么？我很清楚怎么当主管，但要是成为一个领导者呢？我不知道应该怎么当领导，因为我不知道领导是什么样子的。"

大多数公司有 80% 的员工像史蒂夫这样向一线领导汇报工作，

他们的领导方式就是你们的文化。史蒂夫的问题既心酸又深刻。他被鼓舞并渴望接受领导的伟大责任。但这无法转化为行动，除非我们不仅能教会他们所扮演角色的技术技能，还能教会他们成为领导者意味着什么。

领导力清单的想法

当飞行员准备飞行时，他们必须在详细检查清单的指导下对飞机进行严格的安全检查——不是 1 个月一次，甚至不是 1 天一次，而是每次飞行一次。飞行员和他们的乘客并不是唯一受益于清单的人。在美国，每年估计有 44 万人死于医院的医疗失误。[①] 医院获得性感染[②] 基本上是完全可以预防的。2001 年，马里兰州巴尔的摩的约翰霍普金斯医院（Johns Hopkins Hospital）的重症监护专科医生彼得·普罗诺沃斯特（Peter Pronovost）提出了一份简单的 5 项清单，提醒医生采取基本的安全措施。结果是：在密歇根州的试验点，在 3 个月内，医院的获得性感染从 0.27% 下降到几乎为 0。在前 18 个月里，超过 1 500 条生命被挽救，这为密歇根州节省了 1 亿美元。据估计，普罗诺沃斯特博士的简单想法所拯救的生命比过去 10 年任何实验室科学家的工作所拯救的都要多。[③] 此外，大量的人免去了不必要的痛苦和住院时间

---

① John T. James, “A New, Evidence-Based Estimate of Patient Harms Associated with Hospital Care”, *Journal of Patient Safety* 9, No. 3 (September 2013): 122–28.

② 医院获得性感染：是指发生在医院内的一切感染，任何人员在医院活动期间受病原体侵袭而引起的所有诊断明确的感染。——译者注

③ Atul Gawande, “The Checklist”, *The New Yorker*, December 10, 2007, http://www.newyorker.com/magazine/2007/12/10/the-checklist.

的延长。当然这似乎只是常识，但现实是“常识很少成为常事”。即使在今天，许多医生和医院仍然忽视这一简单的做法。

我们受到这两个模板的启发，创建了一个“领导力清单”，它描述了我们组织内的领导者每天必须采取的基本行动。可以毫不夸张地说：“领导者们也像飞行员和医生一样，每天都要照顾珍贵的生命。”这些人在工作期间受到的对待，决定了他们回到家时是脾气暴躁、精疲力竭还是快乐与满足。我们开始把“领导力指导原则”文件从挂在墙上的愿景宣言转变为人们可以随身携带、每天遵循的工作文件。

我们一开始就问公司的领导们：“百威勒的领导者应该是什么？知道什么？做什么？”这是美国陆军领导模式的三个维度。“是”（Be）是关于你作为一个领导者的性格，也就是作为一个人你是什么样的。这是关于意识到你的个人价值观并与组织的价值观保持一致，对军队来说这些价值观是忠诚、责任、尊重、无私服务、荣誉、正直和个人勇气。“知道”（Know）指的是成为一名优秀领导者所必需的知识和技能。对陆军来说这些是人际、概念、技术和战术技能。“做”（Do）是关于行动，即领导者参与的行为，包括影响、操作和改进。[1]

---

① BG Allen，“Be-Know-Do：The Army's Leadership Model”，blog post，March 7，2011，http：//bgallen.com/2011/03/07/be-know-do-%E2%80%93-the-army%E2%80%99s-leadership-model/.

领导力清单

我接受领导力的伟大责任。以下描述了我作为一个领导者的基本行动。

1. 我通过我的时间、对话和个人发展来实践领导力指导原则的管理工作。

2. 我通过行动和言语倡导安全和健康。

3. 我反思如何领导我的团队基于目标取得原则性成果。

4. 我激发激情、乐观和目标。

5. 我用个人沟通培养令人满意的人际关系。

6. 我培养一个团队社群，在这个社群中我们互相承诺，并追求一个共同的目标。

7. 我行使负责任的自由，使我们每个人都能发挥自己的潜力。

8. 我积极参与团队成员的个人成长。

9. 我促进有意义的群体互动。

10. 我设定、指导和衡量定义胜利的目标。

11. 我认可并庆祝他人的伟大。

12. 我承诺每天持续改进。

当我们用头脑、心灵和双手去处理这些习惯时，就会产生超乎寻常的信任和成就感。

一旦我们通过这个流程生成了一份素质、能力和行为的清单，我们就要确保它们与领导力指导原则相一致。经由我们的愿景流程，我们的领导者输入 250 多种不同的特质和特征，最后创建了领导力清单——我们可以在组织中训练领导力行为，这些行动将影响人们在企业中的日常生活。

在百威勒，我们经常提到“领导力的重大责任”。这是一种承认，成为一个领导者意味着积极地选择成为托付给你的生命的好管家。你可能有领导头衔，但这并不一定意味着你已经真正承担了领导者的责任。当我们教授领导力时，我们鼓励参与者深入思考他们正在做出的选择，并将领导力视为一种有意识的承诺而不是头衔或角色描述。

接受百威勒领导力责任意味着每天内化并专注于领导力清单中的每一项。它意味着不断地教育和发展自己，使自己成为更好的领导者。我们要求人们忘掉他们已经学过的东西，批判性地检查他们过去的实践，并决定他们可以做什么不同的事情来生活在真正的人性领导力模式中。我们的领导力基础课程则深度聚焦在领导力清单中的 12 个项目。

对于学习我们的领导方法的参与者来说，一个重要的收获是，他们在工作中可以是（事实上必须是）和在家里一样的人。他们不需要戴着面具工作。领导力清单不仅仅适用于人们在办公室或工厂里度过的 8~10 个小时，也适用于 24 小时还有他们生活的方方面面。

可以反映这一点的是，人们在学习了领导力基础课程后的评论更多的是关于他们的婚姻、育儿以及与家庭成员的关系，而不是工作。当然，我们确实在工作中看到了巨大的绩效收益和个人成长。毕竟，我们每个个体都是一个人，尽管我们在家里和在工作中戴着不同的“帽子”。我们会很自然地把在工作中培养的技能和观点带回家里，也把在家里培养的东西带到工作场所。这些技能影响着我们最重要的家庭和工作关系。

卡罗尔・奥尼尔是我们负责战略、技术和关键项目的副总裁。她发现领导力清单是培养良好领导者习惯的重要方式：

当我第一次看到这个清单时，我认为在某些方面它是非常明显的：这是一个作为一个领导者应该做的事情的清单。就我个人而言，尽管我认为自己天生就是一个好人，但我并不擅长获得认可。不幸的是，我最后总是纠结于什么做得不好，而不是什么做得好。我决定把领导力清单变成一个电子表格，上面写着“周”。在每周结束的时候，我会问自己：“在这一周的过程中，我是否作为一个领导者实践过这些事情？我做了什么来主动创造一个环境，让每个人都能完好无损地回家，手指和脚趾和他们来工作时一样多？”如果在一周结束的时候，我还不能说我已经积极主动地做了什么来推动它，我就会问自己：“根据这周的经历我应该完成什么，下周我应该做什么？”我认为跟踪这一点非常重要。

杰伊·戴茨（Jay Deitz）是百威勒纸业设备集团的制造总监，也是开发领导力清单的团队成员之一。他记得自己强烈建议应该把“激励”作为清单中的一个关键元素：

我们在小组中就领导力清单进行了头脑风暴。当我们产生所有想法，我们就使用亲和流程对它们进行分类，在白板上产生了大约10个类别。我发现“激励”从清单中消失了。那时，我是组织的一线领导。尽管有些不安，我还是决定游说团队加入“激励”。

在我的生活经历中，我发现没有什么比激励更重要。我在国家和国际水平的越野滑雪中担任教练。我的女儿是全国冠军，所以我有幸与精英运动员一起工作，并认识到如果人们受到激励，他们可以走多远。专家告诉我们，运动员不可能超过一定的成绩水平。在我的一生中，我见过人一旦有了激情，潜力就会被激发出来。正因为如此，我强烈地感觉到要把“激励”加入我们的清单中。

让团队接受这个想法需要一些说服力，但他们最终还是接受了。不久之后，鲍勃·查普曼来与我们的团队会面，并就我们的工作做报告。在回顾了我们列出的12个领导力要点之后，鲍勃的回答是，“激励”即使不是最重要的，也是最重要的要点之一。

我个人的激励来自为员工服务和坚持我们的原则。我在办公室的墙上挂了两件东西：在我身后是一张海报大小的全体员工的照片，所以我一直让我的团队监督着我！在我的右边还有一张大海报，上面写着“领导力指导原则”。每一天，当人们来到我的办公室，谈论我们将要做的决定或面临的挑战时，我可以参考我身后的照片，也可以参考我右边的领导力指导原则。

我们发现了领导力文化的三大核心——深入聆听、真实的脆弱和勇敢的耐心。

在我们的组织和文化中，聆听是一种被大大低估的技能。传统观点认为，领导者会告诉人们做什么和如何行动。我们已经发现，一个领导者能做的最有力的事情就是真正而深刻地聆听。这是我们强大的沟通技巧培训课程的核心，是百威勒大学几门课程的先决条件。正如领导力专家凯文·卡什曼（Kevin Cashman）所说：“我们多久会停下来真诚地面对一个人？我们有多少次真的听到了别人所言和感受，而不是通过自己当下关心的事情和时间压力来过度过滤？真正的聆听并不容易。我们听到了这些话，但很少真正放慢脚步去聆听，用耳朵去倾听他们的情绪、恐惧和潜在的担忧……这不仅会帮助你理解对方带来的价值和贡献，还会在这段关系中创造一种新的开放心态，让你表达自己，也让别人更真诚地听你说话。”[①]

脆弱性也是关键，我们教导领导者分享他们的优势和挑战，这就创造了一个让其他人感到舒适的分享环境。我们半开玩笑地说，我们的学习经验是用“男人的眼泪”来衡量的。“要克服多年的习惯，让自己在同事面前暴露弱点，这不是件容易的事。”但是，如果人们总是在上班时戴着面具、穿着盔甲，就不可能创造出真正开放和关怀的文化。

“勇敢的耐心”在当今的商业世界是如此不同寻常，因此值得深入探讨。

勇敢的耐心

“勇敢的耐心”的理念是我们转型的关键因素。文化是一个巨大的飞轮：如果你愿意有耐心并忠于愿景，你最终会看到文化和经济上的结果。但这需要时间来建立势头和跟上速度。耐心需要我们有超越眼前的能力，看到愿景所承诺的更大机会。我们专注于那些有效的方法，并且对那些似乎没有“理解它”的人非常耐心。

你必须对别人有耐心，因为你不知道他们经历了什么。金克拉（Zig Ziglar）在他的《巅峰相会》（*See You at the Top*）一书中用一个寓言说明了这一点。如果你把一些跳蚤放在一个罐子里并盖上盖子，它们立即开始跳起来试图逃跑。在反复击打盖子之后，跳蚤最终意识到

---

① Kevin Cashman, Leadership from the Inside Out: *Becoming a Leader for Life*, 2nd ed. (San Francisco: Berrett-Koehler, 2008).

它们无法逃脱，于是停止尝试。它们还是会跳，只是没那么高了。如果你现在打开盖子，跳蚤会继续跳，但没有高到可以逃脱罐子。它们甚至没有注意到盖子已经不在了。

你在组织中经常看到这种情况。人是他们经历的产物。我们不知道他们经历过什么样的“盖子”。即使是别人把盖子盖上了，我们作为领导的职责就是把盖子拆下来，让大家知道再跳高一点是安全的。

我们鼓励人们以年为单位来考虑耐心，而不是以月为单位。在我们被收购的公司里，有些人身心疲惫，从过去的经历中背负了太多的包袱，我们可能需要很多年才能化解他们的愤世嫉俗和恢复他们的信任。等待是值得的，因为这些人往往会成为我们文化中最热情、最有效的榜样和倡导者。然后他们会对我们说：“对下一个人要有耐心，我能理解他们的处境，因为我当时就在那样的处境里。”这些曾经的愤世嫉俗者都会成为我们流程改进之旅中的杰出引导者、企业大学的著名讲师、高层领导者以及每个人的激励来源。

比尔·尤里用了一个生动的哲学比喻来描述“勇敢的耐心”：“就好像你在街区里开公共汽车一样。当人们准备好了选择乘车的时候，你总是去接他们。但你会坚持自己的价值观和方向，耐心地等待别人的加入。”人们知道公交车会再来一次，车上会有每个人的空间，没有人会责怪他们上车晚了。延伸这个比喻，它是一个安全的企业（一个稳定的企业），司机（领导者）知道目的地（愿景）和到达目的地的最佳路线（流程和文化）。

朗达·斯宾塞回忆起在威斯康星州北部森林的百威勒纸业设备集团的一次经历：

当我们开始尝试引入领导力指导原则文档中所设想的文化时，我们尝试了许多不同的东西。在威斯康星州的菲利普斯，我们有一个焦点小组讨论我们如何在这种文化中生活。好吧，那可就麻烦大了！这将我们的小组置于一个艰难的位置，不得不听到许多关于愿景和现实之间的差距的抱怨与担忧。我承诺去菲利普斯那里聆听这些团队成员的意见，帮助他们了解我们在这场旅程中的位置。我坐下来听了几个小时，并跟大家讲了几个小时后，他们说："你应该和菲利普斯公司的每个人都进行这样的对话。"

我说："好的，我会的。"（这是关于沟通的一个有趣的教训，我们总是认为我们在沟通方面做得很好，但事实上我们的沟通永远都不够。）所以我在菲利普斯的马施克小屋（Marschke Cabin）与 400 名团队成员进行了一系列对话（现在称为"小屋会议"），每次 20 人。

有一次我在讨论"信任"的话题，一个女人从房间后面喊道："我一点都不相信你，女士！"

我想了一会儿说："我不怪你。你在这里经历了太多，我想，你很难相信我们告诉你的是真的以及我们是真诚的。我想我们需要赢得你的信任。"对我个人来说，这是一个非常有趣的启示。我在百威勒成长，并受益于这么多始终把我的最大利益放在心上的领导者的领导，我对我们收购的公司里的人们所经历的事情产生了更高层次的同理心。

兰德尔·弗莱明（Randall Fleming）是百威勒纸业设备集团制造部的一名焊工，他的故事体现了我们对"勇敢的耐心"的承诺。兰德尔原名兰迪（Randy），曾是一名美军士兵，他身高约为 1.88 米，是个健身爱好者。兰迪自称是我们工厂后面的风暴骑兵，车间里大多数人都不愿意靠近他所在的区域，而他却乐此不疲。工作之余，他戴着黑色牛仔帽和太阳镜、身着一件长风衣在一个重金属摇滚乐队演奏。他瞪着人群，活像从地狱里出来的恶魔。这就是他带给百威勒的心态。这是由他个人生活和工作的经历形成的，这些经历似乎耗尽了他的人性。

2006 年，我们的流程改进之旅在菲利普斯启动。兰迪的回答是："我不想跟这事扯上关系，这只是公司的策略，目的是让我们更努力地工作，从中榨取更多。"他大声重复地说，并积极劝阻人们参加改善活动。

下面由兰德尔用他自己的话来描述他的这段旅程：

我离开军队来到这里，没有接受过任何类型的职业教育。我正在努力成为一名制造工人，这是一个非常积极进取的工作环境。我们有 4 个主管整天围着工作区域转，确保每个人都在工作。他们很少分享信息，因为他们觉得我们不需要知道太多。我甚至都不知道谁是高层领导，我们和工程师的关系也不是很好，主要是因为我们为所遇到的问题互相指责。这是一个老派的制造企业：你每天都来上班，不用问任何问题，也不必招摇过市，只需要确保你的工作完成就行。

那是我在制造业的前 10~15 年，当百威勒收购我们时，巨大的变化发生了。他们引入了精益生产的理念，这对我们来说是一个全新的概念。他们也开始朝他们所谓的"共情、以人为本的文化"的方向前进。对一个在军队中成长的人来说，后来又在一个制造业的环境里，你不需要问问题和只需要做你的工作，这会是一个非常陌生的概念。我不仅不相信它，而且还与它作对，因为它与我的成长环境如此不同。但现在我可以告诉你，这是我经历过的最开放的环境之一，和以前有 180° 的不同。

我的转折点是 4 年前，当时我想在人生中做更多的事情，所以我打算离开这家公司。我个人已经进化了不少，并意识到我想要更多地帮助人们，却苦于找不到方法。当我和一位高管杰伊·戴茨谈到辞职时，他劝我留下并给我在这里有所作为的机会。这让我难以置信，因为有人真的在说："我们要给你一个机会去做你想做的事。"

我的好朋友、脊椎按摩师蒂姆·韦克菲尔德（Tim Wakefield），听过鲍勃·查普曼的演讲后对我说："你为什么不试试上这些课程呢？如果你看不出有什么价值，我就帮你离开。"

好吧，我留下来了，而且我很庆幸我留下来了！我现在是百威勒大学的讲师，为我们的领导力基础课程讲授激励模块以及激励负责任的变革。我从一个不想做的人变成了现在讲授它的人！

我的一切都不同了，我生活中的一切都变了。我每隔几个月就能见到我的女儿艾丽西娅（Alicia）和詹娜（Jenna），每次和她们在一起，她们都告诉我，我变了一些。她们不敢相信我会变成这样的人。这让我又开心又难过，因为我希望我能一直这样对待她们。她们现在是我最好的朋友。我和我父母的关系也比以前要好得多。我不再只有雷打不动的几个老朋友了，现在开始结交不同的、同道中的新朋友：他们想对世界和周围的人产生影响。它让我看到了一种可能性：即使我已经 52 岁了，我仍然可以在世界上有所作为。现在的我比以往任何时候都更兴奋。

兰德尔现在是我们持续改进之旅的领导者，这也意味着他是改善活动和其他改进（Kaizen）项目的主要引导者（Kaizen 是一个日语单词，由两个不同的字组成：kai，意思是"改变"；zen，意思是"好"。

所以“kai-zen”就是“向好的方向改变”的意思）。在整个菲利普斯团队中，他可能是我们的持续改进之旅中最忠实的捍卫者。作为领导力基础课程的激励主题的讲师，他教其他人如何自我激励以及如何激励他人。那个曾站在工厂后面大喊“别相信他们”的风暴骑兵，现在是整个组织的最伟大的激励和改进倡导者之一。他已经影响了无数人的生活，包括生活在菲利普斯的百威勒纸业设备集团 630 多名员工中的几乎每个人以及整个北美的其他许多人。他现在也向我们欧洲公司的人员进行教学与交谈。他与高层领导、高级客户、当地商业领袖以及其他对学习我们的文化感兴趣的人互动。人们敦促他写一本关于他的转变和成长之旅的书，讲述他从孤立和敌对走向开放和关爱的过程。兰德尔重生了，这是非常鼓舞人心的。事实上他已经改变了很多，他不再使用“兰迪”这个名字，而更喜欢被称为“兰德尔”。

如果我们只给兰德尔 3~6 个月的时间，如果我们没有表现出勇敢的耐心，他就永远不会有个人转变，也永远不会成为一个模范领导者和我们整个组织的一盏明灯。这对兰德尔和其他像他一样的人来说是极大的个人回报，对我们的文化也有持久的好处。人们看到我们愿意对兰德尔抱有耐心和没有任何反感，而他现在在整个组织中都受到欢迎和支持。兰迪蜕变成兰德尔，也激励了许多人去经历他们自己的转变。

员工很好

我们了解到的一个伟大的事实是：员工很好，而我们缺乏的是领导力。当员工表现不佳时，大多数领导者会迅速指责他们，甚至立即解雇他们。承认“这可能是我领导不力的结果”需要内省和谦逊，这就是杰伊·戴茨与普通领导者的不同之处。杰伊愿意接受领导力这一令人敬佩的责任，在创建领导力清单的过程中没有袖手旁观，也没有假设兰迪是一个需要继续改造的坏家伙。如果公司里没有像杰伊这样的领导，兰迪这样的人群一早就会离开或者被扫地出门了。

让我们继续谈论史蒂夫·克里默，他是我们在马里兰州巴尔的摩的一位主管。史蒂夫和杰伊一样，是第一批对我们的领导力指导原则和领导力清单产生强烈共鸣的人之一。作为我们制造和组装领域的领导者，他把这些作为日常工作的一部分。史蒂夫将他所在组织的那部分从传统的筒仓结构[①]转变为了“价值流”组织，将群体的每个人放在一个团队中致力于更好地满足组织和客户的需求。他开始把人们托举起来当作闪亮的灯光，庆祝他们所做的伟大的事情。他工作上的成功也影响到了他的个人生活和他作为志愿消防员的生活。基于他在百威勒学到的技能，他领导他所在的消防站进行了历史上最大的一次募捐活动，获得了足够的资金来建造一个全新的消防站。最后，他还被选为该站的站长。虽然我们很难过地看到他离开我们的组织，但我们很高兴有机会分享他的一段旅程。他仍然是我们家庭的一分子和我们珍视的校友，他将继续通过我们的领导和工作方式实现更大的快乐和成就感，从而帮助我们推进更大的目标。

杰伊·戴茨仍然对百威勒对待人的方式感到惊叹不已：

在百威勒收购我们公司之前，公司的环境是支离破碎的。而在百威勒收购我们公司之后，我看到公司文化从一个极端走向了另一个极

① 筒仓结构：是指企业内部以部门划分职责，虽然在同一个公司，但不同部门之间就像独立的筒仓，缺少交流、共享信息甚至合作。——译者注

端。有一点很重要，那就是收购后我们没有更换任何团队成员，而这确实是鲍勃的领导风格。百威勒在收购我们公司的时候在这方面还是个新手，当时我们公司是他们最大的收购对象。从那时起，我一直能够参与许多收购。关于如何收购公司，我们学到了很多。但有一点没有改变，我们没有更换过员工。但随着时间的推移，我们确实让他们在态度、参与度和成就感方面发生了巨大的变化。通常，管理层会说员工才是问题所在，而百威勒收购的公司往往都面临着严峻的挑战，并被认为没有多大潜力，但百威勒为它们带来了独特的战略和文化，使它们能够创造更美好的未来。

我们将以兰德尔·弗莱明的一段话来结束本章：

我希望看到这个信息被带到这个世界上，并认为这个信息是所有在百威勒的人都想看到的信息：因为我们是制造业复兴的一部分，不仅美国的制造业还有希望，世界上的人们也都有希望。如果我们接受百威勒的制造文化，我们就能真正建立一个更美好的世界。一次改变一个人，我们就可以让世界变得更好。我们可以每天一觉醒来就能看到更光明的未来。我们可以通过践行我们在百威勒教授的东西来做到这一点，那就是“按照你的价值观生活，做正确的事”。这里面也包括互相关怀。我以前只关怀我的家人，而现在我关怀所有人。如果我们每天都起床就做正确的事，怎么会有坏事发生呢？

第九章
使流程人性化

在豪华的会议室里，百威勒销售团队和潜在客户微笑着握手，摆在他们面前的是一个价值 500 万美元的项目。当他们来到最后一个也是最关键的环节——工厂参观时，穿着尖头皮鞋和考究西装的销售员们集体屏住了呼吸。"让我们只是展示一下机器的性能，然后他们都赶紧离开！"这是销售员们普遍的想法，"让我们祈祷客户们不要注意到其他的事情。"

但就在这群人身后工厂的大门关上之时，一切为时已晚。一个客户指着左边的角落，微笑着对他的同事耳语了几句。很明显，他们已经发现了吉米·休斯（Jimmy Hughes），一位在巴尔的摩的纸业设备集团工作了 30 年的资深机械师，又靠在机器上打盹了，头埋在前臂里，眼睛闭着。一个销售员摇了摇头心想："懒惰无益。他根本就无所谓，我们为什么要留下这家伙？"然后一边催促客户往前走，一边为工厂里发生的事情感到尴尬。

时间快进到 10 年后。吉米·休斯已是每一次客户参观工厂的第 1 站，人们经常尾随在队伍后面问他各种问题。现在他领导着一支 6 人团队，从未像现在这样满足、充满活力和乐观。"发生了什么？"你可能会问。我们首先聆听吉米如何描述他过去的生活：

我自认为是一个蓝领工人。我不会像办公室里的大人物那样用“授权”和“满足”这样的大词。但我一直努力，做一天诚实的工作，得一天诚实的报酬。

我被误解了，我职业生涯的大部分时间都是如此。总部的很多西装绅士总在不停地变换，并用了很多华丽的词语来描述文化。但他们从来不了解我的工作。我用我的双手工作，哪怕弄脏了双手，但我对此感到自豪——因为我把一块未加工的钢材改造成有用的东西，可以用来制作包容万物的盒子。我打赌你肯定知道像我这样的人——拼命工作，努力养家，腰间有几磅赘肉，头发少得可怜，在混乱中创造出有价值的东西。但经历着这一切，我却总是被误解和不被欣赏。

10 年前，如果你来我的地盘，你会看到这样的景象：一个男人把全身的重量都依靠在机器上，闭着眼睛，试图抓住几分钟的安宁。我看起来像是在睡午觉，但有时结果就是这样。我就是人们眼中的“懒惰的麻烦制造者”。我知道他们不止一次地问自己是否需要留下像我这样的人。

没有人走近或停留足够长的时间来理解。我的机器每次运转 30~45 分钟。他们告诉我，我必须待在附近，确保一切顺利。这就像看着洗衣机运转一样无聊，但我仍然待在这间阴暗油腻的车间的后方角落里。当机器运转时，我不能离开去获取下一个工作的材料，我也不能控制什么东西进入我的工作站，或者当我完成工作时控制物品去往哪里。抱怨远不止这些。几乎每一个小时，都会有一个带着头衔的人走过来大喊大叫，问为什么他们的零件还没有完成，所以我不得不停止我正在做的事情，而为他们工作。接下来的一个小时，又会有另一个顶着花哨头衔的人过来，让我立即停止手中的事情，给他们干活。

你想知道最糟糕的是什么吗？每天在去餐厅的路上，我都会经过库存货架，我的零件最终在那里上架。这些零件不是对那些大人物都很重要吗？可一周后，它们还纹丝不动地被冷落在那里，落满灰尘。我挨了骂，以及每天都要把我的机器连续运转 8 个小时，却最终徒劳无功。

流程的力量

想想公司里的“吉米们”，他们在对抗什么。你的朋友或家人有这样的感受吗？如今，在今天的大多数组织中，有太多的吉米式的人物在与陈旧的系统和冷漠的领导做斗争并被他们拖垮。

这么多年来，没人给吉米机会让他做不同的事。当他的机器运转时，他没有什么别的可做，只能瘫倒在机器旁，看起来像在打盹。但他这样的工作流程不是他设计的，而是这家企业的前任领导设计的。对一个有着关怀之心的领导者来说，这是一个很好的机会能找到一种新的方式来领导吉米，让他对自己的领域负责，并重新设计他曾经参与过的工作。我们只需要想办法实现它。

在巴尔的摩同一家工厂的另一部门，我们开始了持续改进之旅，使用精益的工具，并勇敢地询问我们的同事还有什么可以做得更好。第一反应是沉默。人们犹豫不决，不知道这是最新的成本削减策略，还是高层领导的连篇空话。很多人都没有参加宣布新计划的会议，他们相信新计划将在几个月内告吹。

高层领导要在一屋子资深团队成员面前说：“这些年来我们一直是错的，请帮助我们改正错误，告诉我们应该如何做。”这是第一个持续改进活动的开始：10 个人一起工作 5 天，让事情变得更好。房间里没有军衔、头衔或学位。到第 4 天，团队中的许多人仍然持怀疑态度，直到其中一台已在原地固定了几十年的 6 吨重的机床被慢慢抬离地面，并重新安置到团队建议的地方。你几乎可以听到人们的想法在瞬间改变——也许这种新的做事方式是真的，居然是真的！

无论是制造业、教育行业还是医疗保健行业，我们都能联想到我们环境中 6 吨重的"碰不得的东西"，所有人都知道老式的经营方式不合适，但似乎又太大而无法改变。它们就像巨大的多层建筑，阻挡着我们通往人性的道路。

第二个 5 天的改善活动就来到吉米所在的区域，会议的前 3 天里他一共说了 3 个词。但是第 3 天发生了一件事，把吉米推到了边缘。他回忆说：

在第一次活动中，我只是想保持低调，但最后到了第 3 天，我觉得事情不会变得更糟，所以为什么不分享一个想法呢？我本来不相信，但他们把我的想法放在了列表的首位——所以我就一直分享。在接下来的两天、几周和几个月里，我告诉了他们很多事情：我们如何能够安排得更好，我如何能在机器运行的时候做一些事，我们如何能跑得更快。

今天，我仍然穿着蓝领工人的衣服去工作，在把钢铁变成有价值的东西的过程中，我仍然会弄脏自己。但是，我带领 6 个人管理我们工厂的 12 台机器。我们可以安排自己的工作，我们可以决定什么时候购买更多的材料，我们也可以看到我们的劳动成果在几天内被放到机器上，有时是几个小时后。

很多人想知道我们是怎么做到的，几乎每隔一天就有一个参观团来。两年前，有一位宇航员来向我们学习。去年，马里兰州的州长来和我握手，因为现在我是参观的第一站。我不知道他们为什么想听我说，但他们确实想听。

我在这里干不了几年了，但我儿子现在也在这家公司工作。他参加了精益课程，现在还在领导我们的维护小组，努力让每个人把工作做得更好。你猜怎么着，新的精益领导是在20年前和我一起值夜班的机械师。当他遇到困难时，他仍然来向我求助。

我们雇你不是让你思考

拉里·皮尔奎特（Larry Pierquet）是我们位于绿湾的造纸机械公司组织中的芯轴装配工，与我们一起工作了45年，并被亲切地称为精益的广告代言人。他经历了我们最初的一项改进活动，在活动开始之前他想："这整整5天我们要谈什么？我做这些零件很多年了，它们并不复杂，而且我们知道如何制作它们。我们在一起这么长时间的重点是什么？"他告诉我们他甚至不想参加，因为42年前在他身上发生了一件事：作为一个年轻的机械师，他在制造一个零件时遇到了困难，于是拿着那个损坏了的零件去找他的主管。他开始说："我认为如果我们改变这个……"但是主管打断了他："别说了，我们雇你不是让你思考的。回到你的机器那儿，去把零件修好。"

从那一刻起，拉里再也没有和公司分享过任何有关改进的想法。他保持了42年的沉默！在精益的流程中，拉里终于敞开心扉，和大家分享了他的一些想法。他看到这些想法被认真对待，并立即付诸实施。在活动结束时他站起来，说他将成为“这个项目的大使，因为每个人都得到了尊重和尊严的对待，这是我们在组织中经常失去的东西”。几个月后，他的话传遍了精益企业研究所国际会议的大厅。在沉寂了几十年之后，拉里成了我们精益方法的热情大使。

我们造纸机械公司的另一位机械师克里斯·查尼亚克（Chris Charniak）说：“你知道吗？有时候当我运行我的机器时，我感觉自己就像个机器人。我白天所做的就是按下一个按钮，打开一些东西，然后生产零件，我拿出零件，然后再按下按钮。这毫无成就感。”克里斯仍然是我们组织中的机械师，但他也成了精益活动的推动者。他没有继续像机器人一样工作，而是专注于最大限度地发挥他的机器在他所在地区的影响力，然后开始教其他人如何做到这一点。他帮助别人提高工作效率的能力触动了整个公司。

我们可以通过邀请人们参与这个流程，把人性和尊严带回工作场所。机器、系统和程序的存在是为了服务人们，而不是反过来。通过正确的精益方法，我们可以找到谦逊、勇气和创造力，将事物放在正确的位置，恢复人对于一切的首要地位。

我们在业务流程方面迷失了什么方向？我们从什么时候开始用它们来束缚人类而不是服务人类？这可以追溯到工业革命时期，那是充分利用大规模生产流程的一个时期，人们离开了拥有农业工艺品的农场，许多人也失去了工作的尊严。让人不禁回想起1835年亚历克西斯·德·托克维尔（Alexis de Tocqueville）参观英国曼彻斯特的工厂时的震惊：“在这里，人性得到了最完整也最野蛮的发展；文明在这里创造奇迹，而文明人却几乎变成了野蛮人。”[1]

[1] Sven Beckert，*Empire of Cotton*：*A Global History*（New York：Alfred A. Knopf，2014）.

如果使用得当，精益会提供一个独特的机会，让人们真正贡献自己的天赋和才能，看到并参与流程的不同部分，超越机器人和用新的方式贡献，并总是思考如何让事情变得更好。不幸的是，大多数开始精益之旅的公司最终都没有实现真正的精益。让我们先来分析为什么有人会考虑以 3% 的成功率开始一段旅程呢？[①]

首先，几乎所有的组织采用精益仅仅是为了提高质量和盈利能力。其次，人们看到了工具，但却错过了聆听知道如何做得更好的人的更大机会。消除浪费本身并不鼓舞人心，当像吉米和拉里这样的人真正被聆听并参与到这个流程中，鼓舞才会到来。最后一点，人们缺乏耐心和承诺，像这样的旅行不会在 6 个月或 1 年里结束，而是持续一生。

用关爱做精益

精益是一个严格的持续改进过程，传统上专注于减少浪费和最大化客户价值。非营利组织精益企业研究所指出："精益意味着用更少的资源为客户创造更多的价值。精益型组织理解客户价值，并将重点放在关键流程上，以不断提高客户价值。最终目标是通过零浪费的完美价值创造流程，为客户提供完美价值。"[②] 正如你所看到的，人——真正创造价值的人在这一描述中是无处可寻的。

---

① Several reports cite Lean's extremely low success rate. For example, see "If Less Than 1% of Companies Are Successful with Lean", Business901 blog post, http://business901.com/blog1/if-less-than-1-of-companies-are-successful-with-lean-why-are-we-doing-it/; "What Are the Barriers to Lean Success: Most Companies Are Using Lean, but Not Always So Well", Supply Chain Digest, January 30, 2013, http://www.scdigest.com/ontarget/13-01-30-2.php?cid=6680.

② "What Is Lean?" Lean Enterprise Institute, http://www.Lean.org/WhatsLean/.

精益的基础是丰田生产系统中的5S工具。它基于五个日语单词：seiri、seiton、seiso、seiketsu和shitsuke，大致可以翻译为“整理”“整顿”“清扫”“清洁”和“素养”。[①] “5S”是一个系统化的可视化管理工具，专注于消除过程中的浪费，以提高效率；它的目标是使问题易于发现和纠正。

在百威勒我们已经将5S扩展到7S，增加了“安全”（safety）与“满意”（satisfaction）以更好地与我们的共情、以人为本的理念相结合。我们从保护伙伴的安全开始，因此安全是我们的第一个S，如果我们不确保在受影响地区工作的人满意，任何活动都是不完整的。

7S是我们精益的基础，因为它实现了几个基本的东西：

1. 帮助人们通过精益的视角来看待他们的工作场所。

2. 让人们在短短几天内看到工作场所的有形变化。

3. 授权个人能查看他们的工作空间，并自行选择要清除的项目；在你有空间添加新的行为之前，你必须清除杂物。

4. 打破筒仓：所有7S活动都有跨职能团队。在这里，从事零部件设计20年的工程师和从事零部件制造20年的机械师常常是第一次见面。

5. 建立了改进、检查和进一步改进的节奏和纪律。

精益思想通常被部署在改善活动中。正如前面解释的，kaizen的意思是“向好的方向改变”。传统精益实践者通常将“好”定义为可测量的业务改进。对我们来说，它优先考虑实际做工作的个人的利益，使工作更容易，更少令人沮丧。

① “5S（methodology）”，Wikipedia，http：//en.wikipedia.org/wiki/5S_（methodol ogy）.

当我们开始这段旅程时，就像我们对领导力指导原则所做的那样，我们会和同事坐下来分享我们的愿景，并去聆听。许多人曾在其他公司经历过传统的精益实施，不少人的家人或朋友离开了一家“精益且吝啬”的公司。他们的愤世嫉俗是可以理解的。我们努力说服他们，说我们的方法将是不同的，表 9–1 总结了这些差异。

表 9-1 百威勒与传统精益的差异

类别	传统精益	百威勒	为什么
它叫什么？	精益	领导力的活遗产 L^3	你如何称呼很重要。领导力的活遗产 L^3 是一种领导方式和一种更人性化的生活方式，而不是降低成本的过程
寻找改进领域的重点是什么？	浪费	挫折	浪费与事物有关，专注于挫折，让它变得人性化
我们如何让员工参与精益？	要求	聆听	一些传统的精益领导者像独裁者一样进来，说“这就是我们要做的事情”，他们开始要求人们参加培训班。我们则试图为我们的员工创造改变的“牵引力”，首先是聆听他们的弱点，帮助他们放下包袱
我们如何思考流程呢？	流程 vs 人	人和流程	一些精益领导者将流程焦点视为一种消除人为错误和促进人员参与的方法；我们的方法是为这一流程带来更大的人性。这个流程必须为员工服务，而不是反过来

通过精益实现愿景

精益之旅对我们相信的许多事情的成功至关重要。愿景是必不可少的，也是第一步。但对理想的未来状态有一个愿景是一回事，如果没有办法让人们参与创造理想的未来，它就只能是墙上的文字。精益为我们提供了工具，让我们的团队成员参与创造我们共同设想的未来。我们把名字从精益改成了 L^3（领导力的活遗产：Living Legacy of Leadership），因为在接受这些强有力的领导理念的早期阶段，我们清楚地认识到，广泛实践的精益主要是关于数字，而不是关于人。如果丰田的生产过程被研究过，并被正确命名，它将被命名为“聆听”。我们相信，如果它与真正的人性领导力紧密结合，它将是持续改进的最有力的流程。

我们管理现金的流程就是一个例子。现金是任何企业的命脉，我们有一套严格的管理现金的流程。这源自我们在 20 世纪八九十年代富有挑战性的经历。随着时间的推移，人们觉得我们的现金管理政策与我们的愿景不一致，而我们的愿景是积极影响那些对这些做法负责并受其影响的人的生活。当这个挑战被提出时，我们决定举办一个改善活动来解决它。重点是定义一个流程，该流程将维护公司财务安全的关键纪律，赋予我们在供应商关系一线的团队成员更大的支付自主权，并使我们的行为符合我们的愿景，从而积极影响供应商的生活。

当然，愿景在我们今天所在的地方和想要去往的地方之间创造差距。精益是心态、工具和互动引导的结合，可以帮助我们：

1. 定义我们目前所在的位置（如果你不知道自己在哪里，就无法描述差距）。

2. 从多个角度考虑这个差距（跨职能，而不仅是基于筒仓的思维）。

3. 让人们参与到这流程中（如果他们参与定义并缩小差距，他们会更加投入）。

4. 群策群力，创造对策，缩小差距。

5. 实施、观察、测试和细化对策。

6. 在确定的里程碑认可并庆祝取得的成就。

不欣赏精益的领导者犯的错误是，他们提出伟大的愿景让人们感到兴奋，但随后又回到了指挥和控制管理中。传统的精益主义者犯的错误是，在实施精益的时候没有一个令人信服的愿景，所以改进活动最终会破坏文化而不是激发文化。

杰伊·戴茨回忆了 L^3 在实施传统精益思维多年后所产生的影响："L^3 的愿景独特地融合了个人风格，使个人变得重要，这就是我们成功的原因。有很多关于精益的事情对我们来说非常困难。精益源自批量制造业，比如汽车制造商、配件制造商等。我们不是小部件工厂，而是制造可变性高、小批量的设备，所以不会经常重复我们的流程。因此，在我们的组织里没有什么灵丹妙药可以帮助精益，我们也看不到有谁有灵丹妙药。我们很快意识到，共情、以人为本的思维模式与精益的结合创造了这种独特的组合，使我们能够体验到新的发展与成就感。当这些因素结合在一起时，我们开始看到结果。我们继续改进它，但这是一个独特的配方，当我们开始这段旅程时，没有人能掌握它。”

在每一个 L^3 活动或项目结束时，参与者都会主持一次报告会议，与组织的其他成员分享他们的改进成果。传统上，会议以最终节省了多少时间、空间或金钱的数字结束，然后每个人都会鼓掌并感谢团队。

有一天，在吉米称为家的巴尔的摩工厂里，我旁听了这样一个会议。在团队分享完他们非常引人瞩目、足以让人兴奋的改善数据后，我在房间后面问："它让你感觉如何？"活动的领导者有点吃惊，沉思片刻后，他说："如果我早点知道如何与人交往和解决问题，我的婚姻就不会以离婚而告终。"

我们的精益之旅领导者迪克·瑞恩（Dick Ryan）已经在精益领域深耕几十年，是一个强有力的倡导者。他说："当我们问人们这个问题时，他才恍然大悟。有的男士在试图回答问题时就哭了。"现在，在百威勒特有的实践中，我们确保每一次报告会议都不仅仅是关于数字结果的；我们总是会问："这让你感觉如何？"这些回应是无价的，真实地反映了我们的 L^3 之旅对人们生活的影响。我们拍摄最引人注目的评论，并在整个组织内分享。

我们已完成超过 500 项持续改善活动，参加者超过 3 000 人。迪克·瑞恩说："在我们精益之旅的一开始，我们意识到要建立一个伟大的制造公司，在当地社区保持就业机会，并积极地影响人们的生活，我们需要改变。当我们将这些领导力实践与精益工具结合起来时，百威勒正在将精益推向另一个高度。"造纸机械公司的价值流制造主管丹尼斯·巴茨（Dennis Butz）说："看到我们在这么短的时间内走了这么远，真是令人惊讶。谁能想到只是问别人'你觉得怎么样？'就能让我们走这么远吗？"

流程比喻

第一个案例是关于应付账款办公室杂乱无章，工作任务堆积如山，排队按小时计，工作看不到尽头的。人们会从一堆发票中挑出最上面的一张，按部就班、不紧不慢地处理它，然后再抽出下一张。在一天结束的时候，堆叠的发票可能和他们进来的时候一样高，甚至更高，这让团队有一种毫无进展或胜利无望的挫败感。人们日复一日机械地做着同样的事情，这令人沮丧且失去人性。他们没有机会或灵感去用头脑和心灵让事情变得更好。

我们在那里启动了一个精益计划，并邀请人们参与这个流程。我们帮助他们制定愿景，将他们置于改善活动的结构化环境中，并询问："我们如何改变这一流程？"

首先，我们将发票分为几部分，对工作进行重新排序，这样人们在完成当天最后一张发票时就会有一种成就感。他们也可以查看第二天和之后的工作，以了解未来的工作。其次，我们将更复杂的发票与简单的发票分开。一张简单的发票只需 5 分钟就可以办理完毕，复杂的可能要花半个多小时，并需要打 5 个电话才能解决。通过尽可能多地完成简单的发票，人们可以获得一种成就感和前进感。再次，他们可以与其他团队成员在一个叫作"临床会诊"的日常会议上合作（治疗病情最严重的病人，即在这种情况下处理最复杂的发票），并迅速得到他们需要的答案。他们不需要打电话，因为每个人都已经在房间里了。我们一起采用了一个不连续的过程，让它变得非常自由，并充满了人性。其结果是：工作效率显著提高，错误和延误减少，工作满意度大大提高。

第二个案例来自财务。许多团队成员每天都在制作详细的财务报告。在这个案例中，一个由 8 人组成的团队每月发送 31 份报告，这些报告从 5 页到 100 多页不等，通常有 30~40 页长。在计划中的改善活动之前，我们给团队成员进行了一次练习：他们停止发送这些报告达一个月，看看会发生什么。他们会通过索要报告的情况来验证所有这些报告的价值吗？

到了月底，人们只索要了其中的 13 份报告，而且其中一些报告包含了冗余信息。所以，财务团队实际上只需要每个月发送 10 份报告就可以创造价值。听到这么多努力工作的成果并没有得到组织里的人的重视，人们可能会难过。但我们敦促，财务团队要把这当成一个机会。“让我们从 10 份报告开始。我们利用额外的时间来专注于创造更有价值、更有洞察力的报告，让这些报告看起来更好、更短、更有效地传达信息。”一旦他们这么做了，他们就会向公司其他部门寻求反馈。他们现在在组织中有了更大的影响力，通过发送更少、更好的报告得到更积极的认可。

我们的第三个案例显示了重新设计流程的工作是多么重要。我们在威斯康星州绿湾的造纸机械公司正为我们的备件价值流布置机械车间。一周的大部分时间里，我们的 10 位部门总裁都在关注如何改善价值流：输入、完成备件订单，并发货给客户。他们利用自己的业务经验彻底分析了问题，为我们必须创造的所有不同备件制定了详细路线和全面计划。一个月后我们复盘这个计划，意识到虽然它在理念上很棒，但在实践中却行不通。

我们再次尝试，价值流（the value stream）刚刚挑选了自己的领导团队。领导们在一个为期一周的改善活动中会面，阐述他们认为企业应该如何运作。他们研究了很多不同的东西，包括利用制造空间和办公空间的不同方式。大约一个月后，我们意识到我们所讨论的内容对执行将是一个挑战，并且我们没有以我们应该尊重的方式去尊重团队成员。因此，我们举行了第三次改善活动，只有两名高级领导和其他10人参加，他们的角色是“挑选、包装和运输”的机器操作员、叉车司机、组装人员以及在办公室里整理工作订单的人。他们把纸板剪下来放到工厂的地板上，测量他们需要多少间距来让不同的手推车和叉车通过。他们可以看到不同的间距问题，并认识到工作经常从一个区域流向另一个区域。较轻的部件更容易被携带至更远的距离。他们研究需要走多少步，在某个区域使用叉车是否安全，或者它是否能以更安全的布局再绕过外部。

这一次，这个解决方案非常有效。5年后的今天，它依然是他们之前设计的样子，每天都在影响着这些团队成员的生活。他们共同贡献智慧来改进流程，并为组织中的每个人创造了一个有意义、持久、更人性化的流程。

重申一下，精益并不是真正为了消除浪费，而是为了消除挫折，消除阻碍人们发挥最佳水平的障碍，而这些障碍阻止我们获得快乐和有意义的体验。重要的不是说，而是聆听。这能帮助我们将独特的知识与集体智慧相结合。当我们允许员工及其团队掌握流程主动权时，他们可以比任何高级管理人员或顾问团队创造出更好的流程。

提出正确的问题和聆听

正如我们在领导力课程中所教的那样，相比找到正确的答案，提出正确的问题往往会产生更巨大的作用。一个问题可以如此发人深省，可以把我们带到一个原本自己不可能到达的地方。培养一种我们乐于向两个方向都提问的文化是很重要的。我们有许多最难忘的经历和重大的改变都源于人们向我们提问。

我们的领导力指导原则会议通常由领导们向团队提出问题：我们在哪里没有实现我们的愿景？差距在哪里？机会在哪里？这当中哪部分不清楚？像这样的问题在我们的组织中激发了很多创新和新鲜的思维。在这些会议即将结束之际，总是让与会者有机会在房间里向高层领导提问。这样的开放和透明是我们前进的动力。他们创造了一种不仅可以接受而且鼓励质疑现状的环境，而这有助于我们改善我们每天的互动方式。

然后我们为人们寻找分享经验的渠道，让其他人能够学习并受到激励去改变。我们让人们可以谈论他们的感受，圣路易斯的一位行政助理说："我不敢相信领导们倾听了我的话，在团队里拥护我的想法，现在还要实施我的想法。"还有人接受采访时说："现在我们已经调整了牵引拖车在我们工厂的卸货方式，我在一个合理的时间内完成了工作，让我可以有更多的时间在家陪父亲。"

最后我们说说邦妮·彼得森（Bonnie Peterson）的案例，她是我们一个表彰项目的早期获奖者，在威斯康星州菲利普斯市的百威勒纸业设备集团负责生产操作的质量控制。我们的"安全契约"中有一句话说，我们希望每个团队成员"每天安全、健康、充实地回家"。我们组织了一个 L^3 的活动让邦妮的愿景成为现实。在整个活动过程中，她似乎一直在拼尽全力，因为这些变化将深刻地影响到她所在的领域。

在汇报结束之时，邦妮说：“你想知道我当时的感受吗？我这辈子从来没听过这么多4个字母的单词！”人群中传出一阵惊讶的笑声，她接着说：“每个人都在说，‘我们怎样才能保证邦妮的安全（safe）？我们怎样才能让它为邦妮流动起来（flow）？我们如何让它为邦妮工作（work）？我们怎样才能让它对邦妮有好处（good）？我们怎么才能让邦妮快点（fast）呢？’这就是我从这次活动中学到的‘4字母词’：每个人都致力于让我的生活变得更好。尽管听到一些很有挑战性的建议，但它让我对这可能是什么保持一种持久的好奇。我非常感谢你们所有人。”

第十章

培养负责任的自由

想象一下典型的 IT 程序员：他们是《星球大战》的狂热粉丝，晚上在网上玩游戏，并花几个小时在电脑前使用你不懂的缩写词。肯·霍夫（Ken Hoff）是我们圣路易斯公司 IT 部门的一名资深员工，他会利用午休时间研究他在周末制作的剧本和视频项目，接着会回归他的 0 和 1，也不知道这一切到底有什么人生意义。多年来，很多人都了解肯这类人的热情所在，也知道他们从事的工作并不适合他们。

直到他的领导给了肯一个机会。IT 部门准备组织一次嘉年华派对，为当地一个慈善机构筹集资金，寻求肯帮忙做宣传。肯几乎无法抑制他的兴奋并且回复："我可以做一个视频吗？"

回答很快就回来了："当然！我正希望你这么做。"

肯利用周末和晚上的时间写剧本，并从办公室各个部门调来帮手。没有人有表演经验，但他们制作了一个 5 分钟的视频打趣 IT 员工是嘉年华爱好者。这个链接被发送到整个组织——它真是太棒了！我们的 IT 人员在那一周感受到了前所未有的大明星般的关注。所有人都在谈论这件事。

这种天赋从何而来？事实是，各种各样的人才都潜伏在我们的组织中——在 IT 部门的地下室里，在会计部的角落里，在销售部奔波的路上。我们需要创造一个自由的环境来释放人们的天赋。

现在想象一下你是一个机械师。如果你不知道机械师是做什么的，想象一下你自己接受了技术培训，然后在威斯康星州北部一家工厂的昏暗角落里工作。你在那里当学徒很多年，且年复一年地在同一台机器上工作。工厂照明不好，地板上到处都是油渍和油脂。这台机器本身在地球上存在的时间可能和你一样长，它经常出故障，需要哄着才能启动，就像一辆破旧的老爷车。你每天都被要求使用这台机器，用别人买的钢材并按照别人的图纸制造零件。你永远不可能做得足够快，或者完全按照别人在电脑上设想的方式来做，然后人们却带着“授权”和“负责任的自由”这样的词儿来找你茬。你坐在那里想：“他们到底在说什么？”

很多人都有同样的失败主义精神：“我如何才能在我的角色中找到被赋予权力的机会？它还会有什么不同？”正如我们在前几章中讨论的，只有当我们愿意改变我们对流程的思考方式，并且如果我们有愿意按照领导力清单准则领导的领导者，它才会有所不同。

在百威勒我们一直使用“授权”这个词，但今天它在我们的社会中已经成为一个毫无意义的流行词。我们已经意识到，我们需要的不仅是授权。几年前，我们偶然发现了一个术语：负责任的自由——它已经成为我们描述当今文化的核心。这是哲学家彼得·克斯滕鲍姆（Peter Koestenbaum）提出的：

领导力的关键是要对促使他人实施战略负起个人责任。这是一个存在主义悖论：一方面要求自己对组织的命运负有100%的责任，另一方面又对他人的选择完全不负责任……你不能替别人选择。你能做的就是告诉他们你不能替他们做选择。在大多数情况下，这本身就是你想要培养的人的强大动力。领导者的作用与其说是治愈疾病或提供帮助，不如说是扩大负责任的自由的能力。①

负责任的自由包含两个概念：自由，即行使个人选择的机会，拥有你所做的工作和你所做的决定的所有权；还有责任，即确保个人选择是在关心他人和组织要求的情况下进行的。无论你怎么称呼这个概念，是授权抑或是负责任的自由，它都是推动任何组织实现目标的基础且需要双向信任。大多数人只是在工作中顺从，他们的潜力仍被层层冷漠和愤世嫉俗所掩盖。

“从”和“到”的自由

美国社会和资本主义都是建立在自由的理念上，但具有讽刺意味的是，我们看到自由权最少的机构却是企业。的确，有些人会说企业是命令加控制的独裁统治的最后堡垒。这不仅对组织内部人员的健康有害，也对组织本身有害。没有充分的自由，人们就不能用自己的能力做出贡献，也不能过上有意义和充实的生活。因此，在道德责任层面，我们必须给我们的工作环境带来更大的自由。正如多夫·塞德曼（Dov Seidman）所说：“自由是一种原始的性情，也是一项基本的人权。”②

① Polly Labarre，“Do You Have the Will to Lead?Philosopher Peter Koestenbaum Poses the Truly Big Questions：How Do We Act When Risks Seem Overwhelming?What Does It Mean to Be a Successful Human Being？”Fast Company，March 2000，http：//www.fastcompany.com/38853/do-you-have-will-lead.

②“The Freedom Report：An Empirical Analysis of How Freedom Impacts Business Performance”，LRN，2014，http：//pages.lrn.com/the-freedom-report.

有两种自由存在："从的自由"和"到的自由"。"从的自由"是将人们从过度的等级制度、负担、令人窒息的官僚主义和压迫中解放出来。命令加控制的管理风格对工作场所的自由施加了许多这样的限制。我们应该在每一个工作环境中尽可能地消除这些约束。许多公司现在使用美国康美银行（Commerce Bank，现为多伦多道明银行的一部分）几年前首创的一种做法："废除一条愚蠢的规则。"员工们会因为指出那些愚蠢、过时或适得其反的规则而得到奖励。

通过我们的持续改进活动，我们努力实现所谓的"刚刚好"的结构。一旦我们定义了正确的流程，我们就允许在这个流程中拥有最大限度的负责任的自由。我们定义了"赢"，然后给人们执行的自由。刚刚好的结构意味着我们建立了一些护栏，但又没有强加太多会扼杀个性、个人判断、创新或创造力的规则。

虽然"从的自由"将个人从压迫性的规则中解放出来，但它本身并没有为他们提供表达自己的机会，而这就是"到的自由"的意义所在。人们应该有创新、实验和失败的自由。但在缺乏共同价值观和道德指南针的情况下，"自由"可能会沦为自私自利的无政府状态。多夫·塞德曼说："少数共享价值观的价值超过1 000条规则。"任何想要给予员工高度自由的组织，都必须首先确保其拥有一个坚如磐石的基础——共同的价值观和共同的未来愿景。有了这个基础，每个人都可以自由地、备受鼓舞地表达自己，扩展信任，并以非凡的方式为共同愿景作出贡献。

负责任的自由是什么样子的

在百威勒，负责任的自由包括三种特定的行为：分享我们的天赋和才能、崇尚行动和对结果负责。分享我们的天赋和才能，是指可以在工作中自由地展现真正的自己，在这个世界上做一个完整的人。崇尚行动不是袖手旁观，而是积极主动、愿意掌握主动权为组织的共同愿景采取行动。最后，负责任的自由意味着改变问责的本质：从一种推卸责任的机制转变为与他人合作的机会，从而创建一个对所有人都更好的组织。要做到这一点，我们必须认识到，在组织中的我们每天都是我们身边和周围每一个生命的管家。我们都对彼此负责，而不仅仅是行政领导的责任或者是组织中最高头衔的人的责任。

我们经常在组织中说，多年来我们一直在为人们的双手付钱，但如果我们知道如何提问，人们会乐意免费贡献他们的头脑和心灵。在所有的组织中，人们都渴望做到这一点，但它实际上只在负责任的自由环境中起作用。

卡罗尔·奥尼尔将负责任的自由视为百威勒文化的一个关键方面：

在百威勒，你知道你的目标是什么以及如何在高水平上衡量你的业务进展。你也知道职能的目标是什么。你知道进步是什么样子，你也知道成功或失败是什么感觉。这些东西给了你另一个非常重要的元素，那就是负责任的自由。你给了人们去思考如何做某件事的自由，因为他们知道我们都在努力实现的目标。这是非常赋能和令人满意的。显然每个人的性格都不尽相同，但在一个目标明确而路径不明确的环境中茁壮成长的人，往往都是有创业精神、有动力、有动机的人。我想知道我们的目标是什么，但如果你告诉我如何达到目标，那就少了一半的乐趣。

点火 vs. 灭火

传统智慧认为，最好的领导者是消防员，是为了完成不可能的事情而移山倒海的英雄。当一个问题已经很严重时，他们会介入并奇迹般地创造出一个理想的结果。但是，通过我们创造负责任的自由环境的过程，我们了解到最优秀的领导者很少需要去救火或者像英雄一样从失败的深渊中拽出成功。他们会花时间去发展出一个鼓舞人心的愿景，设计他们的商业模式来承受外部冲击，并建立一个负责任的自由环境。组织中的每一只眼睛都去寻找潜在的问题和改进的机会，总是比只有一只眼睛去寻找更好。这样的组织首先会避免大多数火灾。

如果领导不是为了救火，那是关于什么？我们相信它是关于点火的。在我们的组织中，我们赞美那些通过关怀、聆听、认可和鼓舞他人来点燃他人激情的人。点燃火焰必须从我们自己的内心开始，找到我们作为人类内在的光芒。一旦我们找到了那束光，我们就可以与他人分享它，鼓励他们让自己的火焰被点燃、燃烧、成长并与组织分享。

为了得到他们所寻求的行为，命令与控制型领导者会使用诸如地位、金钱的外在奖励或丢掉工作的威胁——这是旧的“胡萝卜加大棒”方法。正如丹尼尔·平克（Daniel Pink）在《驱动力》（*Drive*）一书中指出的那样，过去三四十年的研究已经确凿地表明，对于需要创造力和创新思维的工作来说，内在动机胜过外在动机。它建立在3个主要因素上：自主性、精通性和目的性。[①] 负责任的自由赋予人们塑造自己命运的自主性，并用对他们有意义的方式来处理他们的工

① Daniel Pink，*Drive*：*The Surprising Truth About What Motivates Us*（New York：Riverhead Books，2009）.

作。它还提供培养熟练度、塑造工作以及发展深厚专业知识的机会。最后，负责任的自由应始终为本组织的共同使命服务。

美国海军前潜艇指挥官戴维·马凯（David Marquet）接管了海军一艘表现最差的潜艇，并大胆宣称这艘潜艇将在1年内跻身前5名。他的船员看着他说："不可能！你要如何为我们做到这一点？"

他说："我不会为你做的，我想邀请你们自己来做。"一两年之后，他领导了海军最高级别的舰艇，不是因为他自己的灭火能力，而是因为他为别人点火的能力。即使在传统的命令与控制的文化中，戴维的所作所为也证明了负责任的自由的力量。[①]

负责任的自由需要信任

我们如何让传统领导者接受负责任的自由？我们如何让他们放开缰绳，把他们的一些权力、信息和责任提供给其他人？他们需要与组织的愿景相联系，并与彼此以及整个组织的人员建立深厚的信任。在领导力基础课程里关于负责任的自由的5小时模块中，我们花在讨论信任上的时间比花在其他任何事情上的时间都要多。百威勒的领导者必须创造一个信任的环境，作为为团队成员创造负责任的自由机会的先决条件。

信任是人类的一种基本属性和美德，信任和值得信赖是做人的核心。然而，当今社会存在着巨大的信任缺失。人们对政府、教育体系、医疗体系和金融体系都存在信任危机。人们对公司及其领导者深表不信任。在公司内部，员工之间、员工与客户、供应商与领导者之

---

① David Marquet, *Turn This Ship Around*: *A True Story of Turning Followers into Leaders* (New York: Portfolio/Penguin, 2013).

间，也存在相互不信任的问题。

一个缺乏信任的环境会培养防御性、多疑、狭隘和恐惧的行为，这会消耗组织的精力并破坏创造力。缺乏信任会带来更高的监控和法律成本。它使公司的人们行动迟缓、反应迟钝和漠不关心，为最终摧毁该组织播下了种子。

建立信任需要持续、真诚的沟通。沟通不仅仅关乎语言，也基于行动。每个行动都能向员工传达一些信息。太多的公司说一套做一套，久而久之在员工中滋生了深深的愤世嫉俗氛围。就像随着时间的推移会附着在船底的藤壶一样，企业很难消除这种愤世嫉俗的群体态度。

要获得信任，你必须无私地给予。领导者首先必须相信他们的下属会运用自己的判断和跟随自己的直觉，而不需要用太多的指示和规则来控制他们。高信任度的企业建立在尊重和关心的基础上，而非恐惧和焦虑之上。这些企业会表现出高水平的团队精神、协同精神和合作精神，是充满活力、乐观、能干的组织，并能够克服看似无法克服的困难。公司内部的信任也会辐射到所有利益相关者，包括客户、投资者、合作伙伴、社区、政府和整个社会。当公司的声誉得到了提升，它的光环就让它能够吸引更好的员工、客户、供应商和投资者——开始一个良性的循环，随着时间的推移就能创造一个真正伟大的公司，为整个社会带来巨大的价值和幸福。

在百威勒，我们使用一种称为 CCCI 的方法来建立信任：同情心（compassion）、能力（competence）、一致性（consistency）和正直（integrity）。

同情心：我们关心他人认为重要的事情，我们通过聆听、考虑他人的感受和同理心的能力来表现这种关心。

能力：我们能完成被要求完成的任务，这包括技术能力和领导能力：我们是否能够胜任我们所处文化情境中的领导力清单项目？

一致性：人们觉得无论他们今天或明天提出一个问题，他们都会得到一致的答案。

正直：我们言行一致，符合我们组织既定的价值观、愿景和方向。

CCCI 方法在我们如何组建团队和思考团队方面特别有效。

信任对团队发展至关重要。为了一个团队的持续发展，信任不应该只存在于领导者和同事之间，也需要存在于团队中的每个人之间。这些方面构成了一种诊断的方法，用于评估如何将团队从一个信任级别提升到下一个信任级别。

释放潜能

在百威勒，我们不是简单地摆出一个意见箱征求匿名的建议。任何建议项目中最重要的部分都是向提出建议的人提供反馈。我们应该尊重人们，对他们想法的进展、现状和评估做出回应。当然，并不是所有的想法都可以实现。我们发现，当我们公开、亲自、严格地提供反馈时，我们将得到数量更多、质量也更高的想法。

我们为员工提供机会，让他们在自己真正感兴趣的领域拥有自主权，并愿意在这些领域挺身而出去发挥领导作用。我们回到威斯康星州北部机械师的故事。幸运的是，这个机械师的领导者已经开始建立负责任的自由的个人旅程。他的名字叫乔治·森（George Senn），从小在北方的森林里长大，他在那里住了一辈子，先是当学徒，然后成为机械大师。因为他是当时最好的机械师，所以像他前辈一样，他被提升为主管。他在这家工厂工作了 25 年，并对他的团队成员很了解。他知道大楼的后面又脏又暗并充满了挑战，在那里的人们不知道如何受到鼓舞和贡献他们最好的天赋。但他愿意承担领导的重任，并愿意抛弃对他来说是自然而然的命令和控制结构，而转向一种不同的领导方式——点燃他人的激情。

第一次在菲利普斯的百威勒纸业设备集团开始我们的文化之旅时，我们做了一些有重大影响的改变。客户服务团队在比赛中玩得很开心，并创造了一种胜利感。我们刚制定了领导力指导原则，就开始让一些早期采用者加入进来。乔治很喜欢这种新的领导方式，并就如何在机器车间实施该原则来征求建议。

机器车间是一个艰苦的工作场所。机械师丹·昆丁格（Dan Kundinger）参加了最初的一些文化会议，他一回来，同事们就取笑他："被蒙蔽了吧，这你也信？"这是一个非常抗拒改变的团队，所以接受这种新文化的速度非常慢。

乔治问朗达·斯宾塞："我们如何在机械车间创造这种文化？"

这是一段全新的旅程，以至于朗达无法回答乔治。乔治带着朗达穿过那个区域，她想："看起来真像是邮局的工作。不管你今天做了多少工作，总会有一堆包裹（在这里是待加工的零件图纸）等着你。你只会在出错的地方得到反馈，包括有误差的零件或迟到的零件，而永远不会在正确的地方得到反馈。你只是每天埋头苦干，而永远不知道你晚上什么时候回家。如果你赢了，也没有记分板告诉你一天的工作情况是怎样的。在这种环境下，你很难获得鼓舞，也很难感受到与大局的联系。"

乔治的的确确做了一些事情来创建一个"团队机械车间"（Team Machine Shop）文化，并在团队中建立了一些个人纽带，但如果没有解决核心问题的工具，这些努力就不会有多大进展。当开始我们的精益之旅，乔治就用了一些工具开始改变机械车间的工作方式。他可以将更多的控制权交给团队成员，改变优先事项的设定方式，并与上游的工程师和规划者以及下游的组装者建立更好的沟通渠道。这是文化真正开始改变的时刻。

在完成我们的流程改进培训后，乔治开始以不同的方式与他的团队进行互动。他开始邀请每个人用头脑、心灵和双手来贡献。我们每年在威斯康星州北部的一家机械车间生产 1 万多个分立零件用以帮助我们的客户保持机器平稳运行，并经常进行多个轮班操作。对于如何最好地设置机器上的每个部分并运行它，信息和理解层面存在着很大的差异。这种差异导致了客户和组织可以看到的许多问题，比如我们无法在指定的班次生产一种零件，因为生产订单明确规定“让泰德（Ted）做这个”。这一切让员工士气低落：员工们想满足客户需求，掌控整个流程，并将零件和产品提供给客户，但他们没有这样的机会，因为我们缺乏一个负责任的自由的环境。

乔治邀请每个人就他们生产的每个零件填写一页的设置表。他们会拍下设置的照片并描述工具和设置，分享他们 15 年、20 年或 30 年组装这个部件的智慧。这样任何人都可以拿着设置表设置好机器，从而有效地为客户做需要做的事情。共享设置表并不是这类车间的标准做法。很多人说：“乔治，这行不通。你是在要求人们通过向他人提供自己的想法来减少自己的工作安全感。人们会因此受到威胁而永远不会参与。”

乔治说：“我觉得我可以激励人们参与进来。”

他们的目标是在 9 个月内创建 7 000 个设置表。在第一年内，乔治的团队已经制作了 1 万多个设置表。我们现在已有超过 1.2 万个设置表。现在，他们能够满足任何需求，赢得每一天。这就是负责任的自由环境的力量。如果用错误的数量或返工的数量来衡量，生产质量提高了 3 倍。

乔治的新领导风格在整个组织中产生了连锁反应。兰斯·约翰逊（Lance Johnson）管理在乔治所在区域的一个机加工组，他受到鼓舞并参加了领导力基础课程，然后在他的团队中创造了一个负责任的自由环境。兰斯和两名机械师操作着一台激光切割机，这可能是整栋建筑中技术最复杂的机器，也是最经常停机检修的机器。我们需要考虑换掉它。

乔治和兰斯都知道，我们企业的风格之一便是对资本支出非常谨慎。我们不断挑战自己以确保我们商业模式的可持续性，并做出正确的决策来决定自行生产还是分包给当地供应商。这些采购是如此重要，以至于 10 多年来每一个购买机床的订单都必须由我亲自批准。2011 年，我授权一个团队利用持续改进的精益工具设计一个新流程，将决策权交给我们的员工。

兰斯将负责任的自由带入他的团队工作中，并与百威勒一起申请批准工厂历史上最大的机器采购。“我不知道它会被批准，但我说‘放手去做吧’，所以我们的团队进入了准备工作状态。我们想向高层领导证明，我们可以做出正确的决定，所以我们运用了百威勒大学的‘聆听、授权和信任’三角关系。”

兰斯的团队开始利用他们的休息时间甚至是周末，研究所有可能的将满足他们需求的采购。“我这辈子买过房子，也买过车，但从来没有机会买资本设备[①]。我开始研究激光的好处。我们致力于把它做好，

① 资本设备：是指企业用于提高生产率或者进行生产现代化改造的设备。——译者注

不是为了某个企业采购组，而是为了我们自己，为了我们的生计。”

在获得采购的初步批准后，兰斯的团队反应很热烈：“当我们问他们‘你觉得怎么样？’时，你可以看到他们开始兴奋起来，这对他们来说是一大步。”

兰斯和机器操作员德里克（Derek）在大约两小时车程的地方找到了一件将要出售的设备。当兰斯和德里克到达现场检查机器时，卖方大吃一惊，因为所有其他感兴趣的买家都派出了专职的采购经理。兰斯回忆道：“我们走进来的时候手里拿着25万美元的采购订单，当我走出来的时候我在发抖。德里克在机器上到处爬，他说，‘在我们同意买下它之前，我需要更多的信息了解它是否具有我们需要的维护能力。’我想这家伙一定很惊讶。”

3个月后，他们监督了机器的安装，并使用精益工具创建了新的流程去充分利用机器的所有功能。一名外训师进来为团队做准备时评论道：“他们可以做我的工作了！他们已经知晓了一切。”

激光切割机现在是客户们的主要参观项目，并已成为负责任的自由的环境中一切可能性的象征。2014年，由艾米·卡迪（Amy Cuddy）教授率领的哈佛商学院代表团来到工厂参观，兰斯的团队则成为最值得纪念的参观点。艾米说：“我们甚至不允许白领员工挑选自己的电脑，而这里有一个例子是充满激情的员工对自己的工作拥有所有权。”

让自由流动

最后，受整个经历影响最大的人是乔治自己。如果没有精益对机械车间的工作做出真正的改变，团队成员将永远不会有足够的信任来参与设置过程。没有负责任的自由，兰斯和他的激光团队便永远不会有机会选择属于他们自己的机器。

乔治是一个心始终在正确位置的领导者，他只是曾经不知道如何以这种方式领导。他曾冒险尝试用不同的方式领导，最终他发现自己与团队的联系更紧密以及成就感更强，不仅体现在他们完成了什么，还体现在他们如何共同完成这件事上。这是对任何领导者的承诺：愿意信任他人，不是放松缰绳而是丢掉它，让员工拥有负责任的自由不仅会改变你的企业，也会影响你的同事和家人。

乔治对他的团队不断取得的成就感到非常兴奋，因此他总不遗余力地与公司分享最新进展。每季度，额外的设置表都会被完成、改进和完善，团队的质量和绩效也在不断提高。

通过创造一个负责任的自由的环境，我们对组织中真正的男技工和女技工表示真正的尊重，对他们来说真是头一遭。这在制造业尤其如此，在这我们曾对团队进行定型化，并让他们体验到流程驱动的挫败感。员工表达创造力、艺术性和手工艺的能力，已经在我们为他们提供的详细流程和结构中丧失了。在我们组织的许多其他领域也是如此。我们如何将财务信息联系在一起，并以鼓舞人心的创新方式向他人展示和分享它们，也同样具有艺术性和技术性。共同点是负责任的自由。

第十一章
认可和庆祝

几年前，我在观看一场绿湾包装工队参加的美式橄榄球赛。布雷特·法弗雷（Brett Favre）把四分卫球投进了长传区，接球手接住球并兴高采烈地扣球，然后按照兰博球场（Lambeau Field）的悠久传统进行了充满活力的“兰博跳跃”。他跳到看台上，沉浸在球迷们的赞美声中，然后球迷们抓住他拍拍他的背，接着把他扔回球场。

这让我想到：“他是一个非常有天赋的接球手，他非常努力地在一个位置上接球。这是一个伟大的接球，一个很少有人能做到的接球，但事实是，他不是一个人做到的，而是很多人都做了正确的事情，才让他有机会接住那个漂亮的球。”

仅此一次，我想看到接球手把球放下，跑回争球线上，帮助一个前锋队员离开地面（在移动了一个躺在他身上136公斤重的人之后），然后说：“好棒的拦截！如果没有那个拦截，我永远也不会如此畅通。”他应该回到四分卫那里说：“精彩的传球，就在我预期的地方！”当他回到场边时，他应该对教练说：“谢谢你设计了这样的打法，它让我畅通无阻。对方根本没有意识到这一点！”

这个想法成了我们击掌奖（High Five Award）的基础，该奖项用来认可那些帮助他人成功的人。

例如，当一名销售人员收到订单时，她可以回到组织中，认可那些通过进行拦截、创建这种打法以及传球而让她成功的人。任何人都可以提名一位他们认为曾不遗余力帮助自己成功的同事。我会给他们的家人写一封信庆祝他们获得认可，他们收到的只是一份简单的礼物，如两个人的晚餐或当地活动的门票。除了礼物之外，他们还被这封信以及同事认可他们的善意这一事实深深打动。

我们最丰富的资源

人们需要在工作中感到有意义，感到自己作出了有价值的贡献。我们的领导力清单上有一项是“我认可并庆祝他人的伟大”。我们的许多表彰项目提供了一个框架和机会，来确定和表彰那些体现了我们对真正成功的定义的团队成员。这是百威勒文化中较为独特的一面。

在大多数组织中，人们在大部分时候做正确的事情，但大多数沟通是关于出错的事情。在我们这样一个注重持续改进的文化中，你可能会花太多时间寻找差距、问题或挑战，而忘记停下来庆祝一路上的成功。很久以前我就被教导说，如果你与任何一个人的交流超过一半是消极的，那么这便是一种压抑的关系。所以我们有意识地努力让我们的广电传媒充满善意。

我们在第四章介绍了我们的领导力指导原则的超级跑车奖。它仍然是我们的旗舰表彰项目，在这个项目中团队成员可以提名他们的同事作为我们领导力指导原则文化的杰出榜样。我们在世界各地的企业中颁发这个奖项的不同版本。获奖者不是由大众投票决定，而是由提名中所写内容的品质决定。团队成员花了大量的精力去捕捉同事的独特优点。针对每一个奖项，我们都会得到几十个提名。即使是那些没有获奖的人也会得到一份关于他们的文章，这对他们来说意义深远。

这些奖项是在全体庆祝活动中颁发的，而团队成员会成群结队地出来体验活动。当比赛结果公布时，获胜者的表情是喜悦，但观众的表情同样是喜悦的——微笑、哭泣、鼓掌、点头赞许说："是的，她真的值得！"人们排队与获胜者握手，让获胜者感觉自己像个名人。

朗达·斯宾塞说："对我来说，参加这样的活动就意味着对生活中美好事物充满感激之情。我为获胜者感到高兴，为与获胜者并肩站在一起的家庭感到骄傲，感谢组织中为同事策划了这场精彩的庆祝活动的人，并为我们创造的这种文化感到惊叹。"

获奖者可以驾驶一辆独一无二的敞篷车一个星期，带着他们的"奖杯"在城里转一圈。典型的反应是他们的邻居从房子里走出来，看看他们是否有过中年危机！人们在加油站拦住他们询问跑车的情况。他们还把车开到偏远的地方让家人看一看。每一次，获奖者都有机会说："同事们因我的领导能力而认可我……"通常他们听到的回应是："我希望我也能在那样的公司工作。"

文化基础

当我们在威斯康星州菲利普斯启动领导力指导原则奖励计划时，我们发现了一个员工渴望得到组织的认可。我们收购的许多企业都是由企业家创建的，他们在企业进入困难时期彼此间变得非常不信任。在这样的环境中，很少有人得到认可和庆祝。

当我们进入这个组织并引入领导力指导原则的超级跑车奖励计划

时，一开始并没有受到好评。这对获胜者来说意义重大，但随后波及整个组织的现象只能称为嫉妒。当我们思考我们所处的环境时，我们明白了原因。如果你走进一群饥肠辘辘的人当中，只为一个人提供感恩节大餐，你会期待什么？我们意识到，要创造一种组织文化，我们需要有丰富的认可和庆祝。

从那时起，我们确实将认可和庆祝作为我们最丰富的资源。当人们问："为什么有客户服务奖，而没有财务奖？"我们说："是的，我们当然应该有财务奖。让我们来定义是什么造就了一个伟大的财务团队成员，并认可和庆祝这一点。"这不仅仅是领导者的认知，世界各地的每个人都开始寻找他人的优点，并将其发扬光大。

我们越多地进行认可和庆祝，就有越多的人不仅体验到接受者的感觉有多好，而且体验到给予者的感觉有多好。给予认可的人比接受认可的人从中获得的一样多甚至更多。认可会在组织中产生巨大的正能量。我们的公司已经变成了一个给予者的公司，一个不断寻找机会为别人做一些好事的公司。

我们的认可范围很广，从盛大的庆祝活动（领导力指导原则的超级跑车奖是我们最隆重的奖项）到简单的赞美。当这类事情做得很好时，它可以成为一个人生命中的决定性时刻，因为人们需要感觉到他们是重要的。在这个鼓舞人心的事业中，我们希望我们的领导者率先行动并以身作则。我们套用甘地（Gandhi）的话对他们说："在改变组织之前（为了你理想中的组织），先改变自己。"一旦他们开始行动，其他人很快就会跟随。

商业顾问马库斯·白金汉（Marcus Buckingham）谈到非凡人物简单而迷人的秘密："在我们研究过的每一家大公司的角落里，都有成百上千的人默默无闻地工作着。如果你找到了他们，并将他们照亮，他们将为公司指明未来的方向。”① 我们不断地将一束光照射到我们组织的每个角落，寻找善意，寻找那些“在相对默默无闻中辛勤工作的人”。当我们找到他们的时候，我们将他们的善意展现给所有人，让他们看到、鼓掌并为之鼓舞。我们正在建立一种文化，在这种文化中，无论在哪里，每个人都乐于认可他人并将他人视为善意的灯塔来庆祝。

为什么认可和庆祝是至关重要的

为什么我们要在我们的文化中做很多事情，因为它们总是很重要的，认可和庆祝也不例外。大多数公司在他们所做的每一件事上都寻求投资回报。如果他们认可并为员工庆祝，那就是为了让员工有更好的敬业度和更高的生产力。我们相信，如果你认可并为其庆祝，是为了从他们身上得到更多，他们就会知道并感受到这一点。而我们这么做仅仅是因为这是正确的事情，是我们对待他人的方式，也是我们希望别人对待自己的方式。永远不要从人身上得到更多。我们认可和为其庆祝只是为了让他们知道他们很重要，知道同事们了解他们的工作和价值，而这一切对他们来说是非常有意义的。

认可和庆祝会让人们的心灵和思想都活跃起来。研究表明，这两种说法之间有很强的相关性：“我觉得我为公司的使命作出了贡献”和

---

① Polly Labarre，“Marcus Buckingham Thinks Your Boss Has an Attitude Problem”，Fast Company，August 2001，http：//www.fastcompany.com/43419/ marcus-buckingham-thinks-your-boss-has-attitude-problem.

"这家公司对做得好的工作给予了足够的认可"[①]。这不仅仅是关于领导力指导原则的超级跑车奖的盛大庆祝；每天真诚、由衷和有意义的感谢也会给人们带来能量，让他们每天回家时知道他们都很重要。我们希望我们的员工认识到，由衷表达、真诚的小小感激会产生比他们可能意识到的更强烈的连锁反应。

我们不认为这是偶然发生的。在我们的文化中，凡是我们认为重要的事情，我们都会系统地予以支持。我们教人们如何做好它，制定计划来支持它，并支持它的日常实践。我们非常善于从自身和自己的经验中学习。当你采访一位被同事提名为优秀领导榜样的人时，你将有机会了解组织中的人的价值观：什么是正确的以及我们组织中最优秀的人如何在日常工作中发挥作用。我们采集这种经验，并将其作为我们教给他人的一部分。

我们的奖项帮助人们成了更好的领导者。杰伊·戴茨发现，在几乎每一个案例中，领导力指导原则奖都"让个人成长为更伟大的领导者"。这些人甚至更好地体现了人们对他们的认可，因为他们感到有挑战并鼓励自己不辜负同事对他们的评价。这是一种身份更新和强化。

以南卡罗来纳州海森柔性系统公司的组装员和机器测试员理查德·派克（Richard Pike）为例，他是该工厂首批领导力指导原则超级跑车奖的获得者之一。在他获奖一年后，我遇到他并问他："那么，理查德，成为领导力指导原则奖的得主是什么感觉？"

① "Research Tips：Rewards，Recognition，Motivation and Turnover"，Business Research Lab，2013，http：//www.busreslab.com/index.php/articles-and-stories/research-tips/employee-satisfaction/rewards-recognition-motivation-and-turnover/.

理查德回答说："我觉得我不配，读了所有这些提名并了解人们对我的看法后，我真的发生了改变。我不知道人们是这么看我的。现在，一年后，我回想着他们所说的话，我每天都来这里，努力成为他们期望中的那个人。"

我们认可和庆祝什么

这是最前沿的常识：组织应该认可和庆祝他们更想要的东西。在我们关于认可和庆祝的课程中，我们告诉学生我们可以认可很多东西。我们要求人们考虑的第一个问题是一种行为是否可以被描述为灭火或点火。许多组织都认可灭火行为：以英雄的方式拯救世界上的人。我们在课堂上讲了一个故事，我们的首席信息官克雷格·赫根罗瑟（Craig Hergenroether）的女儿在另一个组织工作，她说："我们今晚要带我们的 IT 团队去享受欢乐时光，因为我们感染了一个巨大的电子邮件病毒，但他们在清除病毒方面做得很好。"

我们的首席信息官想："我们没有感染病毒。我们把所有的纪律和做法都落实到位，以确保我们从未感染它。我们不应该为此也庆祝一下吗？"

我们选择坚持和庆祝的东西会被模仿。因此，重要的是考虑这些决策如何影响文化。我们认可并庆祝持续的卓越而不是灭火行为：通过行动不断脱颖而出的人。我们为那些每天工作都很出色的人庆祝。首席信息官克雷格带着他的团队去享受欢乐时光时说："恭喜，我们没有收到让圣路易斯和坦帕湾的大多数公司陷入麻烦的电子邮件病毒。"

我们也认可和庆祝模范行为（做事或做人的方式）、创新过程

（旨在实现结果的行动路线）、特别积极的结果（行为或行动的最终结果）和有形的成就。

我们如何认可和庆祝

认可是“致谢并授予证书”，庆祝则是“赋予高度的社会重要性”。无论是大规模公开还是小范围私密的庆祝活动，都会增加归属感并建立更大的团队精神，但仅说“谢谢，兄弟”是不够的。我们教导人们用一种有意义的方式来创造认可，让接受者看到它是真诚的。这是一种可以传授的技能，也是一种可以成长的文化。

我们的奖项没有金钱的成分，因为我们发现金钱没有那么令人难忘或有影响力。激励性薪酬与认可和庆祝是分开的。我们用激励性薪酬将个人目标与组织使命相结合，这样当他们获胜时，他们也在为组织创造价值。

我们努力使我们的认可和庆祝变得个性化、令人难忘、有创造力、真诚、及时、相称、重要和有意义。及时的意思是认可应该尽可能靠近事件发生的时点。创造力很重要，这样人们就知道你思索过它，并做了一些特别而独特的事情。认可应该是个性化的，即使是在大型庆祝活动中，也应该有一些东西让人们知道这是关于他们自己的，而不仅是一个标准的官方活动。

最近，在我们位于圣路易斯的总部，集团总裁蒂姆·沙利文被公认为领导力指导原则超级跑车奖的获得者。关于他帮助创造的商业成功和他给人们提供的机会，人们写了很多东西也说了很多，但更多的评论是关于他的领导风格和领导方式的。当蒂姆被问及这个庆祝活动对他来说最重要的是什么时，他说是人们为使这个庆祝活动对他而言特别和独特而付出的努力。他们和蒂姆的妻子玛丽（Mary）一起做了一个“疯狂的科学”主题，玛丽穿着白色的实验服，并戴着帽子和面具。他的家人在整个公司面前做一些可能令人尴尬的事情来为他庆祝，这是一个非常特别的惊喜。对蒂姆在他的职业生涯中所获得的所有成功来说，这一点尤其有意义。他说：“没想到圣路易斯的团队会付出这样的努力来为我庆祝，这对我来说意义重大。”

当我们的 IT 支持团队的戴安娜·希尔（Diana Hill）被选中获得领导力指导原则超级跑车奖时，她的领导、首席技术官罗伯特·理查兹（Robert Richards）参与了庆祝活动的策划。除了能驾驶超级跑车之外，罗伯特还给了她一个粉色的棒球手套，挂在她车库里精心制作的一个支架上。他说：“这个部门的一切都要经过你的处理，而且你从来不会失手。”那天罗伯特还对她说：“我知道你在这里所做的一切，我很重视。你会让改变发生，你很重要。”人们还期待从他们的领导那里听到什么呢?

意义是我们一开始就在为之努力的东西。我们有一个销售人员，他把收到的每一个订单都比作传说中的“冰碗”（Ice Bowl）[①]，而“冰碗”被认为是有史以来最伟大的一场 NFL 橄榄球比赛。有一次，他在庆祝一份订单——“是冰碗！”——直到他的领导对他说：“你知道，你的团队每周都需要获取这样的订单来实现你的目标。不可能每一份订单都是冰碗。”目标是与成就相称的，并对实现成就的人具有重要意义。如果我们夸大人们的成就，这种认可就变得毫无意义。

---

① “冰碗”是指 NFL 近 50 年来的一场经典赛事：1967 年 12 月 31 日，冒着 -25℃的严酷低温，绿湾包装工队与牛仔队的一场经典对决。最终包装工队获得本届 NFL 冠军，赢得了进军超级碗的入场券。——译者注

我们的大多数奖项都是基于同事提名的，但它们不是人气竞赛。这个过程要求人们坐下来写一些关于同事的事情，而这些事情他们可能从来没有花时间提及。无论人们是否获奖，阅读同事写的关于他们的文字，都能让人对奖项产生一种真正的意义感。通常，被提名的人也会接受采访。这使得我们能够真正挖掘组织中正在发生的好事并加以扩展，同时也帮助其他人更深入地理解是什么让这个人成功。

我们最有效的做法之一是给员工的家庭写信。这对员工来说意义重大，因为他们的父母、爱人或孩子将知道他们所作的贡献以及对同事的影响。作为海森柔性系统公司的外勤服务负责人迈克·威尔威斯（Mike Wilwerth）击掌庆祝活动的一部分，我给他的妻子写了一封信。后来，他告诉我们："我一直不确定我的妻子是否真的理解我的工作，也不知道她是否在乎我，但当她看到这封信时，她对我以及我对公司的影响有了全新的认识。她真的很自豪，这对我意义重大。"

波罗·胡安戈雷纳（Polo Juangorena）是我们在拉丁美洲的百威勒纸业设备集团销售机构的成员。他通过已完成的订单为该公司的成功作出了很大贡献。为了认可他的贡献，我给他妻子寄去了一封信和一束鲜花。我写道："我们想分享我们的骄傲和感激，为波罗所取得的一切成就。"15 年后在一次收购周年庆典上，波罗站起来谈论那封信。尽管他取得了那么多成功并得到那么多认可，但那封信仍然引人注目。他谈到，他妻子收到那封褒奖他的信和一束花感谢她给予他的所有支持，这一切是多么有意义，这样他就可以为我们继续走在通往成功的道路上。

让关爱变得安全

当我们在百威勒大学的领导力基础课程中教授认可和庆祝时，我们发现一切都像是彩虹和独角兽①。送礼物的人感觉很好，收礼物的人也感觉很好，然后从此我们都过上了快乐的生活，对吧？但如果这是显而易见的，那么它在今天的企业中会更流行。所以我们问人们："是什么阻碍了你？"典型的回答是：

1. 我为什么要感谢做了本职工作的人？这就是他们的工作。
2. 我总是对别人说"谢谢"和"干得好"。这还不够吗？
3. 人们在公共场合被认可会感到不舒服。
4. 我可不想让人觉得我在拍马屁。
5. 如果你以后需要斥责他们，可能会因此产生问题。

有时候，人们会对接受认可感到不舒服，因为他们以前从未得到过认可，他们可能会感觉不自然或不正确。许多人被教导说，情感在商业中没有立足之地，成功人士会忽略它，而残酷的诚实仍是唯一的方法。

我们想让人们能够安全地关爱和表达关爱，并用建设性的方式把情感带入工作中。认可人们是如此明显和容易，而且在大多数情况下并不费力。有些人担心，如果你过度认可某件事，它就会失去意义。我们教人们如何用一种有意义的方式去做，这样就不会因为认可和庆

① 彩虹和独角兽：独角兽是传说中一种神秘的生物。通常被描述为一匹身材修长的白马，额前有一螺旋角，特别纯真、无邪，自带魔法和彩虹，有独角兽的地方，就会有彩虹、爱和欢笑。彩虹和独角兽，是一切快乐和美好的代名词。——译者注

祝而有任何损失。

在精益文化中，有些人认为认可个体可能对团队有害。这些人对认可和庆祝有更社会化的看法；他们认为，在团队环境中支持一个人会创造敌意。这种情况有可能发生，但这并不意味着这个想法是错误的，只是想法的实施会碰到点问题。我们支持个人，因为这是让他们知道自己重要的唯一方法。我们还将团队奖和个人奖相结合。通常，当我们支持个人时，他们会自愿与帮助他们成功的团队分享这份认可。

举办一场盛大的庆典需要时间和精力，不仅仅是因为考虑该说什么或追踪父母的地址之类的事情，还因为它承担着情感上的风险，员工会用你给予它的意图来接受它。人们往往害怕把自己放在那里并承担风险。

有一天，我在我们的一家工厂与领导团队进行了一次对话，讨论说“谢谢”和认可员工的文化与挑战。蒂勒公司现任运营副总裁布雷特·德克斯海默（Brett Dexheimer）跟我说了工厂里一个名叫布鲁斯（Bruce）的人。这家工厂几年前曾经历过一次工人罢工。这是一场相当紧张的劳资对峙，当董事长的汽车穿过警戒线时，遭到罢工者猛烈的敲击。布鲁斯是一位充满激情的工会成员，他站在人群的最前面敲打着汽车。罢工最终解决了，大家都回去工作。

一位项目经理告诉布雷特：“我和布鲁斯一起做了一个项目。我们努力想让这台机器为客户付款而运行起来，我们都很沮丧——工程师、项目经理，还有作为项目测试团队成员的布鲁斯。最后我说，‘好了，我们休息一下吧。我们都累了，时间也不早了。我们明天再来，重新开始。’布鲁斯说，‘你介意我留下来吗？我想尝试一些东西。也许明早我可以让它为你们工作。’而我认为这才是真正的领导力。”

布雷特对我说：“自从我们经历了所有的努力之后，我看到了布鲁斯真正的变化。在一天工作结束的时候，当布鲁斯走出门，我只能抽出一点时间把他拉到一边，对他说：‘嘿，布鲁斯，我很欣赏你展现的领导力以及你所作的贡献。我只是想为此感谢你。’”

我说：“为什么不让布鲁斯进来？问问他记不记得，这是我们学习的一部分，也是我们进化旅程的一部分。”布鲁斯走进来尴尬地靠墙站着，他们向他讲述了这个故事。我问他是否记得布雷特对他的赞美。事情大约已经过去6个月了。

布鲁斯说：“你说我记得吗？你知道大老板把你拉到一边对你说这种话是什么感觉吗？回家的路上我一直在想这件事，第二天上班的路上我也一直在想这件事。我现在几乎每天都在想这件事。”

在任何组织中，无论是一对一的、更私密的姿态，还是盛大的庆典，都有人对特定类型的认可做出更好的反应。但是人们对归属感和对自己重要性的需要，在组织里和全世界都是一样的。在英国，人们告诉我们这种认可是行不通的，因为他们的文化不同。这样的声明是庆祝活动很少见的文化的征兆。当我们完成在意大利的最近一次收购时，他们也说：“我们认为这在我们的文化中行不通。”在英国负责海森柔性系统业务的西蒙·拉格伊（Simon Lagoe）笑着对他们说：“伙计们，我得告诉你们一些事。我们过去常说这是因为我们是英国人，但事实是我们只是不想这么做。但它对我们的作用和对其他地方的作用都一样。试试看。”

认可和庆祝的自由

许多人担心，当我们在2009年经济低迷期间实施强制休假和各种各样的紧缩措施时，我们的认可项目会被削减。当组织想要省钱的时候，它们最先削减的往往是认可项目，因为它被视为无足轻重。但如果你看看我们的领导力指导原则超级跑车奖励项目的实际成本，它并不是那么多，而它拥有的持久力量是巨大的。在经济低迷时期，我们确实缩减了庆祝活动的规模，使其不那么奢侈并适合我们正在经历的时代，但我们没有减少它们的数量。人们变得非常有创造力，提出了我们后来继续使用的高性价比的想法。

在我们现在的文化中，负责任的自由以令人满意的方式与认可和庆祝结合在一起。我们的员工知道任何人都可以创造一个奖项，它不一定来自企业。还记得那位菲利普斯机械车间的领导乔治·森吗？这家机械车间有一种强硬、老派的文化，但乔治是一位有爱心的领导者，他想做出改变。在他完成了领导力基础课程并学习了认可和庆祝的内容之后，他失去了一位名叫丹尼斯·威尔逊（Dennis Wilson）的团队成员，因为心脏病发作去世了。乔治决定设立一个奖项来纪念丹尼斯，由机械车间团队成员颁发给体现了丹尼斯作为精益之旅的首批领导者之一所代表的精神的同事。现在每6个月就颁发一次丹尼斯·威尔逊纪念奖。当这一切发生时，我们知道我们将认可和庆祝作为我们文化核心的动力正在发挥作用；它现在是组织结构的一部分，人们已经拥有了它。

第十二章

培养领导者

我们气压秤公司的迈克·戴维斯（Mike Davis），是快速变化和发展的组织中的一位年轻、富有才华的工程师，是百威勒下一代领导者的代表。一有机会，他很自然地就报名参加领导力基础课程。他描述的动机正如你所料："我想学习一些技能，成为一个更好的领导。"然而，领导力基础课程并不是用来传授技能的，它旨在成为一种变革的体验，激励人们真正去承担领导的伟大责任。激发深刻的个人改变需要一种完全不同的培养方法。下面是迈克对自己经历的描述：

随着课程的进行，我将自己的目标从"我如何才能提升自己"调整为"我怎样才能更好地帮助身边的人"，作为一名领导者，最终是一名良师益友，你有责任和权利让周围的人成长，并帮助他们成为最好的人。我相信我在百威勒大学的经历帮助我成了一个更平易近人、更毫无保留的人。我过去常常退缩，表现得更像一个过滤器。我意识到这并不是最好的选择。人们需要反馈，想知道发生了什么。这门课教会了我让人们知道我的感受以及如何对他们所做的工作表示感谢的重要性。现在我正在和其他人建立个人关系。我在领导他们，而不是管理他们。我以指导者的身份与他人合作，这些能帮我建立起我与团队成员和合作伙伴之间的信任。在百威勒大学的经历对我来说意义非凡。每天我都在呼吁这些经历发生，无论是在工作场所还是在家里，甚至是在杂货店。你每天都有机会影响别人，你利用这些机会所做的事成就了你。这是领导力基础的伟大之处。这不仅仅与我们的工作有关。我从中学到了很多东西，并将其与我的个人生活联系起来，尤其是与我妻子的关系。现在，我可以向她透露更多我工作和生活中发生的事情和我的感受，我想我们的关系因此而发展。他们教给我们：你正在做出深刻的行为改变，而你不能只在生活的一部分中做到这一点。

大学

创建百威勒大学的旅程将我们独特的领导力和文化融入组织中，而这始于 2008 年正式启动大学项目之前的几年。

还记得史蒂夫·克里默提出的问题吗？他提出的问题是如何将我们挂在墙上的文化宣言融入领导者的行为中。当时，我们已经有几年的时间将精益工具与领导力指导原则相结合。我们部门的嵌入式精益团队领导召开了一次会议，我在会上问他们：“要成功实现精益工具与领导力指导原则的融合，你需要做的第一件事是什么？”

他们的回答是：“我们真的需要领导力培训。”所以我回来向我们的团队提出了挑战：“我们如何才能在这个组织内创造领导力教育？”

本着真正的百威勒团队风格，我们进行了一次愿景会议。我们召集了一群跨职能的人来讨论在百威勒内部教授领导力是什么样子的。我们写了一个非常简短的愿景陈述，只有两个要点：

第一，百威勒大学的目的是发展一种整合、鼓舞人心、可持续的方式来实现我们的愿景。“整合、鼓舞人心、可持续”三个词是百威勒大学的核心。对我们来说，重要的是让人们觉得我们在百威勒大学谈论的事情已完全融入我们的日常行动，融入每一次精益活动，融入每一次会议，融入我们的日常互动，这一切总是鼓舞人心的。它还需要是可持续的，如果我们做得好，它将超越任何领导者的时代。我们需要能够把我们坚信的东西传递给整个组织的人。

第二，我们相信我们可以利用商业的力量并以一种积极的方式对世界产生巨大的影响。我们深信领导力的涟漪效应。我们认为，如果我们给予人们工具，使他们能够每天发挥自己的天赋和才能，他们回家时就会更加充实，并成为一个准备好迎接任何挑战的人，与家人、社区和全世界互动。如果人们对自己的工作感到更满足，他们就有能力应对婚姻和育儿等生活挑战。如果每个企业都这样做，我们就能改变世界。

核心理念

在那次会议上，我们还决定了三项我们一直坚持的原则。第一个涉及我们将教授什么：我们不会教授其他来源的内容。我们决定开发自己的教材，因为我们希望它是与众不同的、在其他任何地方都找不到的百威勒风格，能唤起我们独特的世界观。

第二个是关于谁来教授。我们决定，每一位讲师都应该是百威勒团队的一员，而不是我们从外部请来的人。我们将为人们创造一个职业里程碑，让他们能够与同事分享自己的智慧和故事。我们觉得他们可以分享非常真实的故事，这是使用现成内容的外部培训师无法给到我们的。

第三，我们认为，我们的教学过程必须从一开始就具有启发性和变革性。

我们认识到百威勒大学是整个文化战略的一个组成部分。百威勒大学提供的技能和行为使员工能够在我们共情、以人为本的文化中参与和成长。但我们不能仅通过把人放到教室里来实现文化转型，它是与其他变革旅程一起存在的组成部分。如果没有持续改进的旅程，没有认可和庆祝，没有个人和团队的指导，培训就不会有那么大的相关性或影响力。我们知道人们需要经历这些事情才能真正了解它们。

和我们所做的其他事情一样，百威勒大学不是为了从人们身上获得更多，也不是为了提高绩效。这与提高生产率无关，我们也不期望有特定的投资回报。我们竭尽全力确保人们理解百威勒大学的存在是为了增强他们影响人们生活的能力，使他们不管在百威勒内部和外部都能够在与他人的交往中取得成功。我们没有在工作场所的行为和人们如何在家里应用这些行为之间划出界限。让参与者感到惊讶的是，我们鼓励他们讲述关于家庭生活的故事，就像我们在工作中谈论领导角色所做的事情一样。

我们的同事负责教学，当我们决定要走上这条路的时候，其实并不知道，对“走这条路意味着什么”是不是已经做好了充分的准备。我们也不知道能否经受得住这样的考验：请求大家站出来，还要教会他们的同事？这是一个巨大的机遇，但也是一个巨大的挑战。你如何激励人们讲述他们的故事？你如何教他们开展引导？

我们制订了一个为期一周的讲师培训计划，通过该计划，我们已经教会了近 200 名来自百威勒内外的人成为我们这种风格的讲师。它围绕着三大理念展开：第一，作为一名讲师，你的工作是传授洞察力而不是传授信息；第二，你的工作是创造完美的学习环境；第三，你必须激发改变。这要求你考虑每一个细节，比如房间的动态、你向人们提供的信息以及人们坐在那里的配置。我们没有做太多的“意识训练”，我们希望人们受到他们体验的强烈影响，从而导致显著的行为改变。因此，我们最短的课程是 3 天，而长期课程则需要两到三周的投入。我们希望人们对自己以及自己的工作有不同的看法，并非常努力地推动他们在这个过程中反思。

喂饱饥饿的人

演讲后我经常听到的一个问题是：“对那些不理解的人，你该怎么办？”

我的回答让一些人感到沮丧：“我们不会关注那些不理解的人，我们关注那些能理解的人。”这一理念也反映在我们如何在百威勒大学上课上。我们的非官方口号是“喂饱饥饿的人”。我们的培训不是强制性的，也不是可随意参加的；每个参加课程的人都必须通过一定的申请流程。

我们不做强行改变他人的事情，希望所有参与者都具有内在动机。我们专注于能产生最大影响的领域。如果你的动机是内在的，你就能更好地获取知识和保留知识，并更频繁而有效地应用知识。考虑到我们的教授模式以及我们经常有人在教室前面第一次授课，希望为他们提供充满活力、渴望学习和成长的听众，我们希望这种体验对每个人都有好处。我们相信，如果学员有足够的洞察力，他们就会走出去并在组织中激发更多的饥饿感，然后我们就能继续喂饱那些饥饿的人。

你也可以从营销曲线的角度来考量。就像人们在苹果专卖店外排队等待最新款 iPhone 手机一样，我们推出新课程时也有人排队。这门课讲的是什么并不重要，但他们都很兴奋能成为其中的一分子，就像我们给那些饥饿的人提供食物。

我们布置的课程作业通常是在课程结束时做一个汇报。参与者被要求邀请一个人——可以是他们的领导，也可以是他们觉得很适合这门课的人——与其分享他们的体验。他们不试图教授内容，而是要传达他们在课堂上取得进步的感觉。

人们通过短剧、视频和其他创造性的方式分享他们的个人故事。亲耳听到这些故事会创造一个全新的需求循环，因此下一批人会对在这个学习机会上投入 3 天或 3 周而感到非常兴奋。

领导力培养不是为有头衔的人保留的。我们关注的是那些想要在领导力之旅中迈出下一步的人，不管他们的官方头衔或角色是什么。我们认为，这样做的好处超过了引入理论上有更大影响力、但不一定会做出必要改变的人的价值。有些人则更喜欢我们带领整个团队，或者从最高层的领导开始，沿着组织结构图走下去。对一些领导来说，当他们的团队成员先于他们学习领导力基础知识的时候，他们会感到不舒服。但我们很清楚：无论他们目前的职位如何，我们希望人们在准备好踏上这段旅程时做出个人选择。

我们的模型是基于大量的披露和人们提供他们的故事。在每节领导力基础课程开始时，我们都会告诉学员，我们的工作是创造一个激励性的环境，但大部分内容将来自他们。在毕业典礼上，他们回顾过去，意识到他们从同学身上学到的东西，比他们从教室前面的人身上学到的更多。创造这种体验和创造这种环境需要大量的训练和思考。

朗达·斯宾塞回忆起一个关于“喂饱饥饿的人”的故事：

集团总裁蒂姆·沙利文来跟我说：“我需要上领导力基础课程。我需要所有在我组织里的领导来参加这个课程。”我很激动，因为当时领导力基础课程还比较新颖，我们的一些组织领导者对这项投资持怀疑态度。

我说：“哇，蒂姆，太棒了。是什么驱动了这种想法？”

蒂姆说：“马克·瓦查尔（Mark Wachal）。”马克是绿湾造纸机械公司制造工程部的领导者，以强硬且优秀的领导风格而闻名。在完成了领导力基础课程的第一部分后，他就悄悄地开始将他所学到的一些知识应用到他的团队中。他意识到他需要改变自己的沟通和领导风格，而不是期望让别人服从他。

几个星期后，他的团队成员说：“我不知道你在做什么，但继续做吧。”他们已经注意到了马克的变化。他聆听得更多，也很尊重他们。

我对蒂姆的回答是：“蒂姆，在领导力基础课程中，我们没有神奇的领导力药丸。这门课很好，但也没那么好。对马克变化的唯一解释是，他已经准备好了去改变。我们只是有合适的工具和合适的环境，可以在合适的时间提供给他，帮助他改变。”

蒂姆参加了马克的第一次领导力基础课程毕业晚宴，见证他的毕业。马克站起来，泪流满面地讲述了这次经历给他带来的改变。我看了看蒂姆，他也被这件事所打动。事实上，整个房子里的人无一不落泪。

甄选过程

人们必须通过申请才能进入我们任何面授课程（尽管我们的确有一些对每个人都开放的在线课程）。我们选择那些被认为最有潜力的人，因为我们知道他们想来上课，他们正在做出个人的选择，他们将是这些伟大内容的大使。我们从那些我们认为足够强大、能够做出重大个人改变的人开始。

领导力基础课程会有很长的等候名单。甄选参与者的过程包括几个因素：你的影响力范围是什么？你能立刻做出改变吗？我们认为你个人有这样的能力吗？我们在课堂上有正确的角色组合吗？我们在办公室和生产线之间找到了恰当的平衡吗？我们在前线和领导层之间有正确的组合吗？我们有好的性别平衡吗？我们有好的部门平衡吗？所有这些因素都会影响到班级群组的创建。

我们要求学员在课程期间将自己的组织身份放在一边，谁也不知道邻座的人是首席财务官还是工厂领导。进来后，参与者会得到一本练习册，里面有每个人的照片以及他们对事前收到的问题的回答。你可以看到他们的思维模式。在课程开始时人们会自我介绍，我们要求他们分享关于一生中最有影响力的领导者的一些思考，为什么他们会在这里以及他们希望从这次经历中得到什么，而不是分享传记式样的细节。

我们会特别提示："请不要谈论你的头衔或你的日常工作。我们想知道作为一个人你是谁。"这为他们在整个课堂上进行反思之旅做好了准备。只有在吃晚饭或喝鸡尾酒时，他们才可能知道某人实际上在做什么。我们强调这门课是关于人际关系的——将人视为人，而不是他们的头衔。

从沟通开始

在精益之旅进行了几年之后，我们开始思考是什么让组织更深入、更全面地推进了这一旅程。我们持续改进愿景中的一个关键声明是，我们应该通过日常接触会议定期分享和聆听；在这些会议中，人们可以讨论当天的工作，为消除障碍分享改进的想法，加深彼此之间的联系。

我们召集了一群人，问他们："下一步我们应该考虑什么？"我们很快意识到，我们正努力在组织内部进行沟通。这并不是说我们不能写电子邮件或做幻灯片演示，而是我们在努力通过良好的沟通建立牢固的关系。

精益之旅创造了比以前更多的对话，并需要人们以全新的方式在跨职能团队中共同工作。我们把人们带出办公室，放在生产线员工旁边。所有这一切都在文化中创造了一种对更好的互动和沟通方式的需求。我们研究了外部课程，但没有一门适合我们的需要。所以我们开始创建自己的，于是便有了我们的沟通技能培训（CST）课程。

一个月后，巴特·哈代（Bart Hardy）在威斯康星州绿湾的造纸机械公司参加了沟通技能培训课程。当时，巴特是一个业务一线团队的负责人，团队里大约有10个人。当这门课程开放时，造纸机械公司的总裁史蒂夫·肯普知道它将有助于巴特成长为一名领导者。

“史蒂夫一直对我很有信心。”但巴特也指出，“我并不总是最好的聆听者。我是那种试图同时做两三件事的人，但聆听绝不是其中之一。”

沟通技能培训的学习之旅是要人们理解：尽管人们认为他们在交流，但实际上他们从未被教过交流的技巧或交流对他人的影响。首先，它深入沟通的循环中。当这些话从我口中说出并传到听信息的人那里时，会发生什么？然后深入探讨为什么和如何积极聆听以及如何有效地思考冲突。

几年后，巴特被提升为大型机械公司的副总裁，领导一个300人的团队。巴特上任时，人们对公司领导层的信任度很低。巴特说：“我们之间的关系非常紧张。我所处的环境中，领导者和员工的观点并不一致。在工作环境中，通常会有那种自然的紧张感，但这次要糟糕得多。”

根据一位劳工领袖的建议，巴特计划在7个月内与300名团队成员进行一对一的会面。工会代表在房间里观察，但对话是在巴特和团队成员之间进行。巴特问了两个问题：“你对领导力的期望是什么？是什么阻碍了你在工作上比现在更成功？”然后，巴特利用他在沟通技能培训课上学到的技巧，坐下来聆听。

“我有过一些非常残酷的谈话。”他说，“我试着不为任何事辩护。我希望他们尽可能开诚布公。即使他们可以发泄，我们也会看到它去了哪里。”

沟通技能培训课程的口号是“我就是信息”。我们谈到，我们绝大多数的交流都是非语言的。我们是谁以及我们在这个世界上的一举一动——我们的手势、我们的语气——都创造了人们接收到的信息，无论我们是否打算发送它。你必须拥有你所传递的信息，并考虑它会如何影响他人。

团队对一个安全空间的反应是惊人的，在那里他们可以向一个全身心投入的聆听者表达自己，也充分利用这个机会表达自己的感受。开放的对话开始慢慢建立起一种新的信任。“我想在五六个人之后，我就会知道问题是什么，我需要做什么。”巴特说，“但我看到的是，一个领导者实际上会花时间去聆听对他们产生的影响。这真让人耳目一新。你可以看到它带来了怎样的不同。”

一年后，到了谈判新合同的时候，百威勒找到工会问他们是否可以延长 3 个月的合同，因为造纸机械公司外部发生了一个问题。工会提议延长 3 年，唯一需要谈判的是合同期限的工资标准。

“信任很难量化。”巴特说，“但在劳动协议中，这种全面的延期很少发生。有很多事情有助于重建信任的桥梁。我只是其中很小的一部分，但这表明聆听是很重要的。”巴特使用的反思式倾听，不仅帮助他的团队在工作场合有发言权并有所作为，也拓宽了他作为领导者的视角。巴特说：“这对他们有好处，他们可与我倾诉。但在一天结束的时候，我可以和这么多人互动，有这么多的信息可以利用。这一切如此奇妙。”

大多数人进入沟通技能培训课程时，自认为是很棒的聆听者。实际上这恐怕只是意味着“我很擅长接收信息，然后鹦鹉学舌地回答”。但事实上，深度聆听不是要形成一个回应或帮助别人解决问题，而是为了满足他人的需要。我们让人们进行各种各样的练习并帮助他们认识到，当他们听到有人带着问题来找他们的时候，他们的脑海中不应该有一个目的地，或者不应该考虑他们接下来要说什么。

这门课程是一次深刻的个人体验，它让人们意识到自己对生活中的人际关系造成的伤害。它呼吁人们审视自己作为团队领导者、作为父母（这可能会相当麻烦）、作为爱人以及作为社区团体成员的表现。

玛莎·伯恩斯（Marsha Burns）是百威勒大学的一位讲师，在她来我们公司的第一周就参加了沟通技能培训课程。对一个自认为善于沟通的人来说，这是一个特别残酷的启示，她在加入百威勒之前已经花了 30 年的时间来教人们如何领导企业。“课程的前 10 分钟强调了这是关于我和我的生活，而不是我的业绩。”她说，“这迫使我严格按照自己的价值观来审视自己以及自己的行为。我不喜欢我所看到的。它改变了我的婚姻，也改变了我的生活。”

沟通技能培训也帮助威斯康星州菲利普斯市百威勒纸业设备集团的文化和人力发展总监肖恩·罗伯茨（Shayne Roberts），在与女儿凯特琳（Caitlin）的沟通方面做出了非常微妙但重大的改变。在肖恩参加沟通技能培训的时候，凯特琳正在麦迪逊市（Madison）的威斯康星大学上学。他们每周都要打电话，肖恩说这更像是挖掘数据的练习而不是对话。罗伯茨说：“这是我的天性，也可能是任何父母的典型特征，当我和她交谈时，我倾向于试图满足我作为一个焦虑的父亲的需要。‘学校怎么样？’‘你的作业还能跟上吗？’‘你需要钱吗？’”

但是有一天，受到沟通技能培训课程的启发，肖恩做了一些不同的事情。他打电话给凯特琳，当她的电话转到语音信箱时，肖恩留下了这条信息：“我爱你。”几分钟后，凯特琳回了电话告诉肖恩，当她走在麦迪逊大街上时，他的留言让她哭了。

“这是我永远都不会忘记的事情。”肖恩说，“就像一个灯泡亮了起来。”不仅是告诉女儿“他爱她”才产生了如此大的影响，因为这种表达在他家里很常见。但那天对她来说，这是一个直接、真诚的表达，而且他不求任何回报。这不是通过接收信息来满足肖恩的需求，而是为了满足凯特琳的需求。

“聆听他人是一项艰巨的工作。”肖恩说，“这对我来说并不自然。我还是不太擅长，但我以前更糟糕。尽管如此，这段旅程还是很奇妙的。我几乎觉得我们应该把沟通技能培训叫作‘意识培训’，因为它是从自我意识开始的。我必须时刻注意自己是否真的在聆听，否则我就会回到过去的沟通方式，那是一条只关于我自己的单行道。”

如果那些参加沟通技能培训的人能够做出他们需要做出的改变，他们将体验到令人激动的影响力，这也将为我们其他领导力课程的扎根创造肥沃的土壤。公司里超过一半的人都上过这门课；而在一些地方，这个数字在 90% 和 100% 之间。沟通技巧培训对我们的文化产生了巨大的影响，并为识别和避免沟通陷阱创造了共享词语。

我们实现关怀的方式是通过同理心聆听。这正是沟通技能培训是百威勒所有教学的基础的原因。如果我们真的相信：我们可以用一种积极的方式来利用商业的力量对世界产生巨大的影响，那就必须从对我们周围人的基本理解开始。一切始于聆听。

领导力基础

在推出沟通技能培训之后，我们将注意力转向围绕领导力清单开发一个强大的领导力课程。我们与克里斯·朗（Chris Long）合作，他曾是圣路易斯华盛顿大学（Washington University in St.Louis）的教授，现在是乔治城大学（Georgetown University）的教职人员，他帮助我们验证了基于学术研究的内容。我们开发并运行了一个包含 4 个模块的“概念验证”，并向领导者征求反馈。他们响亮地告诉我们：

“我们喜欢这个，我们想要更多，请开发这个课程。我们认为我们需要挑战人们的实践能力，所以我们把它分成三部分来教学：与团队一起上课 1 周，用 6~8 周实践你所学到的东西，然后再一起回来完成最后一节课。”

这就是领导力基础课程的诞生过程。到目前为止，我们已经提供了大约 20 次课程，每个班最多 25 人。该班级的一个非常独特之处在于部署。我们最初的决定之一是聚焦在一线领导者身上。我们知道我们公司 80% 的员工都向前线汇报工作，所以从第一节课开始我们就说：“我们想要公司里最好的团队领导，对他们来说，这将是一个巨大的荣誉。”多年来，我们意识到，对这门课程的需求涵盖了各个领域，从有志于成为领导者的个人贡献者到组织中的高层领导，比如首席财务官们和其他高管。

马特·怀特是一名荣誉加身的前空军军官，他加入我们 2013 年的组织授权小组，参加了我们的领导力基础课程，有如下的反馈：

军队有责任不惜一切代价保护我们的共和国，即便这代价是生命。我在军队中接受的领导力培训，反映了这一压倒一切的责任召唤，并体现在完成任务的潜在动机中。换句话说就是，照顾好你的手下，这样他们才能完成任务。

百威勒的培训从一开始就如此不同，这正是创造它的动机所在。百威勒在开始领导力培训时发出了这样的号召：我们在企业中对待团队成员的方式，能够在我们的社会中发挥巨大而深远的积极作用。通过领导力，我们不仅可以改变我们的工作场所，而且可以显著改变我们的社会。这种领导力培训不是为了增加利润、减少浪费、减少管理费用或者提高员工的生产力。在整个培训过程中，没有一次提到这些因素。无论是参与者还是指导者，都没有提到效率的提高或成本的降低。没有一个字是关于这如何“有利于企业”。

我本以为会看到一些工厂的案例，比如员工没有完成配额，或者一个不满的女销售员没有完成目标，她的同事被迫接手。相反，大多数由与会者和讲师撰写和提出的案例都来自工作之外。它们是关于我们在日常生活中人们所受到的对待。

另一个巨大的区别是：在空军训练中，我总是与同侪隔离。然而，现在我和与我处于相似职业生涯阶段的同事一起学习。当我接受了更高级别的工作和领导职位，我便会学习更高阶的课程。在领导力基础课程中，不仅与会者在公司内的职位不为人知，而且从未被讨论过！只有通过非正式的讨论，我才了解到一些成员在生产车间的机器旁工作，而另一些成员在一家企业实体内担任CFO。就连介绍环节也刻意回避这些标签，每位成员都要回答诸如“你生活中最具影响力的领导者是谁”以及“除了你的家庭，你生活中最看重的是什么”的问题。

在第一部分结束后，我注意到课程的导师、内容和动机给我留下了深刻的印象，课程的中心是建立一个人们首先相互关心的社会。没有任何别有用心的动机。在这两部分之间有几周的时间则是应用和反思的好时机。第二部分以第一部分的势头为基础乘胜追击，毫不松懈。

为制定领导力指导原则创造环境是一个步骤，鼓励建立“领导力清单”（为什么不是每个组织都有这样的清单？）是文化之旅的另一个步骤，但我很高兴成为这个课程的一员，该课程旨在详细解释这些文件中的每一条陈述。这些陈述不仅是一句句鼓舞人心的话，还是关于这个概念的数小时的自我反省的讨论和练习。所有参与者都自愿到场的力量令人难以置信，这是我参与过的最开放的一些讨论。参与者不仅是分享目标和担忧、恐惧和愿望，也愿意深刻和深情地分享和承认一些事情，而过往的虚张声势和不安全感正在人们的身后逐渐消失。

我成年后的大部分时间都在担任领导职务，而这门课程是如此与众不同，以至于让我停下来反思过去和未来。就像读一本伟大的书或看一部伟大的电影，这是一些有影响力的迹象：在你离开书本、剧院或教室很久之后，你仍然在沉思着教学的内容和分享的经验。但不要相信我的话，你还可以问问首席财务官和三位有才华的人的印象，他们在加入百威勒家族之前发展并经营了价值数百万美元的公司。他们也像坐在我左右两侧的前线领导和工程师一样被折服与感动。要知道，人们不会因为一时冲动而流泪并卸掉一生的盔甲。

全人教育

彼得·尼科尔森（Peter Nicholson）曾是一个售后市场销售的领导者，现在领导着我们在英国的阿克拉普利（Accraply）工厂。在领导力基础课程的第一周，他对全班说："你知道，工作时每个人都叫我彼得（Peter），但在家里我就是皮特（Pete），是一个完全不同的人。这是我第一次想到我可以在工作中扮演皮特。"讨论的焦点是：当彼得的真正本质是皮特时，他必须花费多少精力来保持彼得在工作中的外表。最后他恍然大悟，也如释重负，因为他在两个地方都能成为同一个人。

在威斯康星州菲利普斯市的百威勒纸业设备集团的马特·尼科尔斯（Matt Nichols）是这样表达的："你知道工作时必须戴上面具是什么感觉吗？在我的职业生涯中，我第一次觉得我不必那样做，可以做真正的自己。"

我们为人们创造这种体验的方式是披露。在讲师培训中，我们教授讲师如何分享他们的故事。我们相信真实的人讲真实的故事能创造真实的学习体验。我们有几种方法：首先，只需要证明如果你分享你的故事，其他人也会想要这么做。我们使用改良的约翰·麦克斯韦尔（John Maxwell）概念，称为"盖子定律"。麦克斯韦尔是一位领导力方面的专家，他谈到了领导力如何设定上限。我们在课堂上讨论到这一点，如果你作为一个引导者在自我披露方面达到了 4 分，那么你的课程不会超过 4 分，而可能会保持在 3 分或以下。如果你披露更多关于自己的信息，分享你的星光时刻和伤疤故事，分享你作为一名领导者所经历的好事和坏事，并且你在披露中获得 10 分，那么你就打开了教室的盖子。我们还教授如何讲故事：你如何从你的生活经历中提炼出一个引人入胜的故事。

一位抱持传统思想的人力资源领导曾在培训讲师时对我们说："你不明白，我的人力资源培训中的每一个细节都告诉我不要这样做：你不要故意激发人们的这种情绪，你也不要透露你过去的失败。如果这种情况发生在我公司的一次会议上，我们会立即把那个人拉出来。如果有人创造了一个如此充满情感的时刻，我们会立即关闭它。而现在你告诉我，这是我作为一名讲师在教室前的唯一责任。"

我们对此的回应是："是的，这正是我们要告诉你的。作为我们想要传授的领导力行为的体现，你必须披露你自己的个人经历。这往往会引发更多的情感。”我们的课程充满了让人落泪的情感故事和令人沮丧或快乐的事情。

蓬勃发展的组织是学习型组织

在我们为植入、加强和延续我们独特的文化所做的所有事情中，百威勒大学可能是最重要的。通过这段旅程，我们越来越认识到不断学习和提高领导能力的力量。人们在我们的课程中分享的经验创造了一种深层次联结，用难以置信的力量将我们的组织连接在一起。通过这些课程，我们互相学习，也学会了更深入地关心对方。我们更赢得了同事们的信任，他们认为我们所教的东西是值得学习的。

我们强烈建议每个公司都应该开发自己版本的百威勒大学。我们相信，我们在方法上的根本差异是我们成功不可或缺的因素，也是我们能够对组织及其人员产生影响的因素：让同事做所有的教学工作；采用选择模式，而不是要求人们学习某些课程；创造深度沉浸式互动体验；让课程与人们的整个生活相关，而不仅仅是与工作相关。

第十三章
每个人都很重要

以我们较早的收购公司之一——造纸机械公司的故事作为开篇，而我们将以宝德温（Baldwin）的故事作为结尾。宝德温是我们的“混合”股权子公司福赛斯资本（见第三章）在2012年收购的，是该公司的第一批投资之一。我们可以从我们的旅程中收集到一些关于普遍原则的想法。此次收购的故事展示了我们的方法如何被全球不同行业的新领导团队成功应用。

里奇·贝内特（Rich Bennett）是堪萨斯州（Kansas）莱内克斯市（Lenexa）宝德温工厂典型的“经理”，他是一个铁腕硬汉，一个强硬执行者，用毋庸置疑的权力管理着他的工厂。里奇每天都和员工们面对面交谈，他的唾沫星子在员工的脸颊上干掉，他的威胁在员工的耳朵里回响。但员工的过错通常只是在饮水机旁多待了5分钟，然后问候了一下同事周末过得怎么样。这是里奇的上司传授给他的一种管理方式，而里奇最终也会传给其他人。

如果有什么“脏活”需要做，里奇就会去做，比如有一天他被要求带10个人进会议室并解雇他们。他强硬、有干劲而且很懂得在一家非常典型、传统的美国上市公司所玩的游戏，用他的话来说：“只有强者才能生存：弱肉强食，为了保住自己的饭碗，你要做一切必须做的事。”

里奇在2002年加入宝德温，2004年12月被解雇，然后在2007年重新被雇用。他回忆道：“我们当时没有企业文化。事实上，更确切地说，我们的文化很糟糕。我们的文化是，你必须成功才不会被解雇，而不是为了企业的利益而成功。你想踩谁就踩谁，想面对什么就面对什么。尽管你讨厌这样做，尽管它让你内心感到恶心，但作为领导团队的一员，这是你必须做的。我总是筋疲力尽和害怕去工作，因为你永远不知道下一次危机什么时候会来。”

宝德温是一个有着近百年历史的公司，并有着令人自豪的传统。1918年，前印刷工兼新闻服务技术员威廉·盖根海默（William Gegenheimer）在他的车库里创立了这家公司。盖根海默发明了一种名为宝德温印刷机清洗的设备，可以将清洗印刷机的时间从几小时减少到几分钟。这项发明成为胶印发展的关键技术。宝德温专注于报纸和杂志，致力于服务全球大批量、高印量的印刷市场。

1987年上市后，宝德温进入收入和利润稳定增长的时期，在创新、产品质量和客户支持方面赢得了良好的声誉。股票价格从1987年的2.00美元攀升到1989年9月的14.25美元。裁员和重新招聘则随着商业周期的变化而变化。2009年，在雷曼兄弟公司（Lehman）破产之后，公司收入大幅下降，115名员工被解雇。到2011年年底，营收再次下滑，利润已成为遥远的记忆，股价甚至跌至每股0.48美元。

死亡螺旋[①]开始了，士气很糟糕，这种文化已经变得非常有害。

① 死亡螺旋：是指机构面临的一种风险，主要体现在外部的市场结构、机构自身风险以及贯穿所有层面的法律和技术等四大风险，而这些风险更主要来源于其本身含有的金融属性。——译者注

公司正在削减开支、出售资产并整合设施。团队成员也被解雇，但各单位为了实现短期收入目标，在空运设备上花费了高昂的资金。业务单元根据地理位置以筒仓的形式运作。企业内部的沟通很差而且大部分是消极的。关于当时真实情况的信息也很难获取，就像驾驶一架飞机穿过暴风雨，没有窗户，没有仪器，也没有无线电广播，更没人愿意站出来领导。气氛中弥漫着恐惧和不信任。

与许多陷入困境的上市公司一样，宝德温也开始关注短期效益，并受到市场季度预期的推动。公司的银行业务关系不合规；银行家是除了华尔街分析师之外的另一群人，而华尔街分析师不断抨击银行家，要求他们提高业绩。不祥之兆显而易见：如果新老板不进来拯救这家企业，它几乎没有复苏的希望并很快就会破产。对宝德温员工来说，幸运的是福赛斯在 2012 年收购了这家公司。

宝德温经历了多年的传统重组：以现金出售房地产、整合设施、减少员工数量以及对员工和供应商提出过高要求。福赛斯的领导者相信，他们可以帮助宝德温塑造一个可以创造价值的未来。在之前的每一次重组中，宝德温公司都被告知“这一次会有所不同”，所以当福赛斯收购这家公司时，他们的愤世嫉俗是可以理解的。

福赛斯传达的第一个信息是：“相信我们。我们是为了长期合作，一切都会好起来的。我们关心你，我们也会耐心等待。”对宝德温那些疲惫不堪的人来说，这个消息就像音乐一样美妙，好得令人难以置信。

一些在这个行业工作过一段时间的领导说：“你们太有耐心了。人们现在觉得太安全了。”

宝德温公司现任首席执行官、福赛斯总经理凯尔·查普曼（Kyle Chapman）回应道："这根本说不通。我们不是说你不用工作，我们只是说你不用担心你的工作。我们希望领导者站出来，领导并承担风险，做一些有助于推动企业向前发展的事情，而不是躲在角落里，以免自己成为下一个砧板上的人。我们有责任为这些人提供更美好的未来。他们现在的状态不是他们造成的，而是过去的做法导致的。我们决心为他们提供一个新的未来。"

福赛斯立即专注于团队建设和创建"一家公司"的身份，不管员工是德国人、日本人还是英国人，他们都以同样的方式被对待。福赛斯紧跟着百威勒的战术，寻找机会迅速证明事情会有所不同，但他们不必非常努力地寻找。宝德温在英国生产紫外线灯，作为其核心产品线的一部分。这类业务的关键是缩短交付周期，理想情况下应少于5天。而由于生产瓶颈，灯具部门的交付周期时有41天！因此，在管理层推动销售增长以满足市场预期的同时，他们损失了很多销售额。

该部门领导多次申请购买价值7.5万美元的熔炉，这将消除该过程中的一个关键瓶颈。但这一申请被拒绝了，因为他们高度关注保留现金和削减成本。当凯尔·查普曼看到这一请求后，他只用了大约7分钟就批准了——甚至在福赛斯正式拥有这家公司之前。新领导者并没有就此止步，他们组织了一个灯具制造流程的持续改进活动，将交货期缩短至3天。在接下来的一年里，产品线的收入增长了20%。

凯尔回忆说："那样做很简单。我们聆听员工，授权给他们，信任他们。当然，我们的交货时间也缩短了，我们开始从公司发展和其他运营改进中受益。但从这个简单的行动中获得的赞赏和士气的提升是巨大的。这是一个面临收入和现金压力的组织，但即使是最明显的可以开始创造价值的举措也无法实施。”

还记得里奇·贝内特吗？就在收购之前，他得到了另一家公司的工作邀请。新领导认识到他的潜力和努力想留住他。他同意留下来，但仍然不相信事情真的会改变：“当我了解了鲍勃·查普曼是谁以及发生了什么之后，我在互联网上对他进行了研究，看了他所有的演讲。我的第一印象是‘这家伙疯了，不能像那样经营一家公司，这家伙活在幻想世界里，根本不知道现实世界是怎么运作的’。事后看来，留下来可能是我做过的最好的决定。”

里奇是被邀请参观几家百威勒企业的小组成员之一，他的疑虑很快就烟消云散了。“我戏称它为蜜月之旅。这发生在收购两周后，不知何故，他们设法召集了来自日本、德国、瑞典、澳大利亚和英国的16位领导者。我们登上公司的飞机，从一个地方飞到另一个地方。这确实让人应接不暇，但因为百威勒的人们知道他们在做什么并且以前去过那里，这给了我们很大的安慰。虽然有很多工作要做，但他们向我们保证，‘别担心，伙计们，一切都会好起来的。我们已经做过50次了，我们知道我们在做什么。只要遵循游戏计划就好。’这是百分之百准确的。他们已经做了他们说要做的一切。”

为了让宝德温作为一家公司运营起来，福赛斯取消了基于部门绩效的薪酬模式。他们专注于在组织内提高财务状况的可见度，不是为了解雇表现不佳的人，而是为了制定更好的战略，使用指标进行辅导并让人们正确做事。他们明确表示该公司将不再追求公司收入，也不会为了获得收入而做愚蠢的事情，从而重拾了一种他们的自豪感。销售人员被告知：“你们不必赢得每个项目。你们需要做的是与负责任的人建立负责任的关系，让他们重视我们所带来的东西。”正如百威勒集团所强调的那样，宝德温重新与现有客户建立了联系，提高了服务水平，并开始更密切地关注几十年来所安装的设备。

在30个月的时间里，宝德温就走上了稳定和稳步增长的道路。整个组织的人比以往任何时候都更拥有希望，也觉得与宝德温的联系更紧密。他们精神如此振奋，几乎不敢相信宝德温在印刷业务之外开辟新市场。以前，他们不能去探索宝德温技术的应用，今天他们被告知：“去打开新的门吧，尝试新事物。不要担心失败。”

正如百威勒的方法一样，福赛斯并没有派出一卡车领导者或一架直升机运来一些不同行业的人来拯救公司。他们说他们会和内部的人一起做这件事，而且他们做到了。我们收购的每一家公司都有很多优秀的领导者，我们只需要知道如何找到他们并解放他们。

里奇·贝内特认为，他现在的工作是给每个在逆境中与宝德温在一起的人一个机会，让他们在余下的职业生涯中做他们想做的事情。“如果这意味着你想要我的工作，我们会想办法让你如愿以偿的。在我的日常工作和潜在的收购中，我在寻找的是：这会给我们公司的员工和他们的家人带来什么样的机会？我觉得我终于可以在工作中做真实的自己了，我已经成为公司的一部分，而不仅仅是为了盈利。”

里奇的家庭生活也发生了变化。这是个经典的故事。“压力水平和对失业的持续恐惧——你试着不把它带回家，但你还是会。现在我觉得我的生活发生了180° 的转变，就好像中了彩票。我和妻子休的假期比以往任何时候都长，因为我觉得我可以随时从公司临时走开。”

凯尔·查普曼回顾了这段经历以及它对企业员工和自己的意

义："我们的业绩以及业绩的可持续性比以往任何时候都要健康。我们又开始招聘了。让我感到满足的是可以听到人们谈论他们对工作的感受。没有什么 KPI（关键绩效指标）能比人们说他们很快乐、很满足更重要。他们喜欢周一来上班。喜悦和热情是显而易见的。金钱显然很重要，利润也很重要，但这些并不是唯一重要的事情。你还有拥有能量、鼓舞与满足的其他来源。看着一个历史上伟大的企业复兴是一件非常有趣的事情，这使我们很有成就感。就好像在修复经典汽车，我们正在恢复经典企业，让它们重拾自豪感、重要性并拥有未来。"

我们生产世界上最好的工业机械，但我不会为我们制造的所有机器而感到骄傲。相反，我将深深地感谢我们在旅程中影响与鼓舞的所有生命。我们制造的机器只是让我们影响生命的经济引擎，而这些生命的健康幸福才是我们最关心的。

我们写这本书是为了分享我们在 40 年的领导生涯中有幸获得的智慧，其精髓可以总结为简单的词语：共情。我们希望帮助各行各业的领导者运用这种智慧，过上有意义、有成就感的生活，并通过他们的领导力影响世界，让世界变得更美好。我们想要向所有人表明，企业可以通过更好的方式来经营，当你公平支付员工薪酬、善待他们时，你不仅可以参与全球竞争，而且还能丰富和提升被企业影响到的每个人的生活。

共情，没有比这更简单或更强大的观点了。这是一个有无限潜力的观点，因为人们都有无限潜力去为自己、为彼此以及为整个世界带来惊喜、愉悦与振奋。我们聆听一位名叫妮基·劳尔（Nikki Louder）

的年轻女士的故事：她的母亲吸毒成瘾，然后被她母亲的男朋友弄怀孕了。露宿街头、惊恐万分又孤身一人的她有一天发现了一个叫作“周一很重要”的组织，在那里她终于听到了“你很重要”这个词：

“你很重要”这句话改变了我的一切，我从没有收到过任何对我有意义的消息。那是我人生中最重要、最有改变性的时刻。每个孩子都需要听到“你很重要”。他们需要在早餐时听到，午餐时听到，晚餐时也听到。这是应该写在明信片上并发送给每个人的东西。你应该一天说两次，这就像是在说“我爱你”，就是这个爱的意图，如果现在它到了每所学校和每个孩子身上，它就会传递到家庭生活中；当每个兄弟姐妹有了它，又会传递给他们的父母；当每个妈妈和每个爸爸有了它，又会传递到他们的工作场所，让他们的同事和老板拥有它。正是这种爱的“病毒”可以用“你很重要”来传播。[①]

显然，说“你很重要”这句话非常有力量，就像告诉某人你爱他一样有很大的价值。但这并不意味着什么，除非你真的表现出你爱他们。在百威勒，我们的愿景宣言呼吁所有人用影响人们生活的方式来衡量自己的成功。我们每天都这样生活吗？它成功了吗？珍妮·科帕诺斯（Jenny Copanos）是百威勒集装箱系统公司的副总监，她在伊利诺伊州（Illinois）的罗曼维尔（Romeoville）谈到她在公司工作的这些岁月，让我明白了我们的愿景是多么深入人心。

珍妮在 25 岁时以临时工的身份加入百威勒，那时她的事业才刚

① “Nikki’s Story,” *Every Monday Matters*, https: //www.youtube.com/watch?v=n-qsLcQNCXgk&feature=youtu.be.

刚起步。她一直都想成为一名会计，但除此之外，她并不确定自己适合做什么。“成长过程中，我从未找到适合自己的位置。”她分享道，“我不擅长运动，也没加入任何俱乐部。我是个好学生，但仅此而已，我对自己没有多大信心。”

她加入百威勒后，情况开始发生变化。“我的领导发现了我以前不知道的我拥有的优点。”珍妮分享道，“他们为我提供了工作和经验，让我在自己的角色中成长。他们指导我，帮助我发挥天赋和才能。这些年来，我的领导经常对我说，我很有价值。这让我充满力量。”

加入公司 12 年后，珍妮领导一个 6 人团队，也成了百威勒大学的沟通技巧培训讲师。她说：“我现在对自己很有信心，我终于明白我是谁。一想到和我一起工作的人看到了我一生都在寻找的东西，我就觉得很神奇。我不确定我在其他地方是否能意识到这一点。”

工作上的满足也让珍妮的婚姻更加美满。“我已经能够放下一些障碍，向我的丈夫尼克（Nick）敞开心扉，而这是我在刚结婚的时候无法做到的。”这也增进了她和母亲的关系，“我和妈妈现在相处得更好了，因为我已经成为我想成为的人，而不是我以为她希望我成为的人。她和我父亲都为我的成就感到骄傲。”

珍妮和尼克有一对快满 3 岁的双胞胎儿子——杰克逊（Jackson）和艾迪森（Addison）。“我学会了如何成为一个更好的沟通者，一个更好的聆听者，这些会帮助我成为一个好母亲。”她反思道，“我下班回家时不会感到紧张或愤怒，我真的有一种满足感。”

“能在这家公司工作，我感到很幸运。”她说着，眼中含满了泪水，“我在这里得到了很多，这也让我想为我的团队提供尽可能多的东西。我的百威勒大家庭陪着我一起寻找最好的自己。我曾在外表上总是很快乐，但内心却有一丝失落，现在我的内心也很快乐。”

我们如何知道真正的人性领导力正在起作用？那就问问珍妮或尼克吧。

我们的旅程始于我们意识到，每一天都有机会向人们表达我们的关心。我们给予人们成为他们想成为的人的机会，允许他们发现、发展、分享和欣赏自己的天赋，这样他们回家时才知道自己是谁以及自己做的事是重要的。通过这种方式，我们的领导者用每天的行动肯定并证明“共情”“以人为本”的意义。当我们表现出关怀时，关怀就会传染开来；当人们感到被关怀时，他们自然会关怀别人。

以任何标准衡量，我们公司今天都是一个蓬勃发展的组织。我们的员工知道他们在为一家真正关心他们的公司工作，而且这家公司拥有安全的未来。他们每天都在工作中受到鼓舞，回到家的时候也感到非常充实。这种存在方式将为我们的孩子创造想要的社会。我对我们的员工说：“你们不仅有一份工作，还有机会帮助创造一个希望你的孩子将来进入的世界。”

我们意识到这是一次旅程。我们的愿景充满了希望，但并不总是完美地实现它。就像在我们的持续改进之旅中一样，它是关于每天起床并努力比昨天更好一点；它也是关于谦卑地聆听，是关于每天努力工作以缩小愿景和日常现实之间的差距。凭借我们的工程制造思维，将原则应用于我们所相信的一切。流程和系统每天提醒我们作为领导者要做的事情，这就是领导力清单对我们如此有用的原因。不要等待好事从天而降，也不要希望好的工作能够一直持续下去，我们要做的是努力确保我们的文化生机勃勃，就像我们在企业的其他方面所做的一样。

史蒂夫·肯普现在是造纸机械公司的总裁，这曾是一家士气彻底低落、几乎破产的公司，百威勒于 2005 年收购了它，我们在本书的序言中交代了这件事。在收购 10 年后，史蒂夫对我们的方式更加赞赏："最终，我们传递的信息是，鲍勃·查普曼关心威斯康星州绿湾的员工，这与数字无关。他带着完全不同的心态来到这里，并且相信我们的员工。他一直在寻找一些公司，并且可以帮助挖掘这些公司的潜力，也可以为员工创造一个稳定的未来。大多数收购公司的人就像盘旋在公司头顶上的秃鹫，因为他们看到的是赚快钱的机会。当他们发现一家公司陷入困境时，眼里只是弱小的猎物，并希望自己进去吃掉它。鲍勃也在苦苦挣扎的公司周围转悠，但他就像一个守护天使，心中想着，'我们该如何拯救这些公司？我们如何使这家公司恢复到原来的样子？我们怎样才能释放他们仍然存在的潜力，那些即使在他们的全盛时期也从未释放过的潜力？'"

威斯康星州菲利普斯市的市长曾在一次聚会上指着我说："那个人拯救了我们的小镇。"我不知道这是不是真的，但我确实相信，我们对人类健康幸福的重视对我们经营的社区产生了几代人的影响。我们的大多数公司都是一个小社区的重要组成部分，如果它们不复存在，这将摧毁整个社区，也可能真的意味着小镇的终结。因此，我们"共情"的经营方式，确实把许多社区从灾难边缘拯救了回来。

在西蒙·斯涅克几次拜访百威勒时，有一次他举着一面镜子对我们说："你所拥有的是一个蓝图，你通过反复试验发展出的愿景可能会有更好的东西。现在，这是一个不同的生活方式的例子，不是工作，而是一种不同的生活方式。另一家公司，不管其规模大小也不管其行业，都在看到这种生活方式时说‘这很有趣’。这种方式不完美也不容易，但他们会尝试，然后去告诉另一家公司，另一家公司也会尝试。国家是建立在一个理念之上的。不要忘记在其他国家，当宣誓时是在宣誓保护边境。而在美国，你在宣誓时是想要保护宪法，你宣誓就是要保护一个理念。这家公司反映我们国家的建立，它是一家典型的美国公司。”

我们的文化之旅始于“让工作变得更有趣”这样一个简单的想法。从这一简单的开端开始，我们便形成了一种文化，现在正受到全美国乃至全世界的关注和效仿。我们在短短 15 年的时间里走过了漫长的道路，可以想象一下再过几十年我们会是什么样子。但更重要的是，想象一下如果这些想法生根发芽，我们就能够开始一种全球性的关怀、鼓舞和庆祝，那又将会产生什么样的影响。

关于关怀、鼓舞和庆祝

几年前，我受邀在一家市值 200 亿美元的公司组织的活动上发言，观众中有来自世界各地的领导者。当我说完走出去的时候，我看到两位女士站在摄像师旁边哭了，我向她们问好，然后和我们的一位销售主管一起走过走廊。

我问她：“我的演讲有那么糟糕吗？”

她说：“没有，在你做报告的时候，其中一个人靠过来问我，‘你在百威勒集团工作吗？’我说，‘是，我在那工作。’她说，‘那里真的是那样吗？’我说，‘是的。’她哭着说，‘我真希望为这样的公司工作。’”

今天，我们每天24小时都被坏消息淹没，因为“坏消息才能博眼球”。我们百威勒的文化是如此地充满关怀、鼓舞和庆祝，支持人们身上的善意并让那些破碎被善意淹没。据我所知，没有哪家公司能像我们这样专注于人的善意，或者像我们这样相信人的善意。善意似乎总是取之不尽，用之不竭的；我们越是在公司的每一个角落里寻找善意，我们就越能发现善意。

人们经常问：“鲍勃，我们怎么能做到这一点？我们从哪里开始？”首先要关心你所领导的人，这意味着深度聆听、激励并充分分享他们的天赋。然后我们以一种周到、及时和相称的方式，庆祝他们迈向我们共同目标的旅程。这三个词概括了我们在这段旅程中学到的很多东西：关怀、鼓舞和庆祝。

永远不要把你有幸领导的人看成是接待员、工程师或会计师等职能人员。把每一个人看作一个完整的人、某个人的宝贝孩子、一个有无限潜力的人，要知道你有机会深刻地影响他们的生活。我们有一个很重要的责任，就是成为那些生命的好管家。我们想把他们安全地送回家，希望他们健康，希望他们得到不仅仅是快乐的那种满足，而这意味着“我是谁”很重要，以及“我做什么”是被重视和认可的。

这种关怀他人并送他们带着满足回家的态度，培养了一种利他主义精神，如果我真心在乎你，你也会真心在乎玛丽（Mary），如果你真心在乎玛丽，她也会真心在乎伊莱（Eli），以此类推。关怀的循环从你开始。

关怀没有等级制度，它涉及我们作为人类的本质。关怀是普遍的，无论是在有工会组织还是在没有工会组织的工作场所，无论是在制造业还是服务业，无论是在高科技还是低技术领域。它在我们拥有900人的咨询公司中运作良好，就像在印度、德国、意大利和法国一样。

我们的确在以影响人们生活的方式来衡量成功，这些人不仅是我们的客户和员工，还包括我们能影响到的每个人。我们鼓励员工走进我们的社区，参与到他们认为有助于让我们的社区变得更有爱心的组织中。

百威勒的一位任职多年的董事会成员最近表示："人们对在这里工作感到自豪，因为我们很好，所以现在也很强大。"

超越自我利益：资本主义的伦理基础

早期的资本主义植根于犹太教和基督教的道德观，因为大多数企业创始人和领袖都是宗教人士，他们把这些价值观带到了自己的工作中。杰里·赞斯特拉（Jerry Zandstra）是一名被任命的牧师，也是创新大学集团的联合创始人，他指出："犹太－基督教道德哲学和市场经济之间的关系有着非常悠久的传统。最早的经济学家来自萨拉曼卡（Salamanca）学校，思考家庭如何养活自己。16世纪，约翰·加尔文（John Calvin）是最早认识到资本有成本的神学家之一，在合理的范围内收取利息不是高利贷，而是市场经济所必需的。亚当·斯密（Adam Smith）（《国富论》的作者）不是经济学家，而是道德哲学家，他的第一本书叫《道德情操论》（*The Theory of Moral Sentiments*）。工业革命确实为生产提供了动力，但不幸的是，它也改变了我们对人类的看法，他们变成了‘资源’或‘商品’。从那以后，我们没有什么太大变化。”[①]

19 世纪和 20 世纪，随着我们进入一个更加世俗的世界，经济学家和其他学者开始越来越多地纯粹以利润来定义商业的目的。资本主义失去了它的道德基础，成为严格意义上的非道德（不是不道德的），没有提及“为正确的理由做正确的事情”。无论剩下的道德感是什么，都仅限于遵守法律（随着时间和地点的不同而不同）。但道德与合法性并不是等同的概念。任何涉及其他人类（或任何其他生命形式）的人类活动领域都必须有道德和伦理基础，否则，它就不可避免地走向物化和剥削。这正是发生在商业和资本主义身上的事情。

将市场与道德分离是一种致命的发展，它给个体和他们的家庭带来了不必要的巨大痛苦，对许多社区、物种和环境造成了严重伤害。我们必须重新联结市场和道德。我们决不能为了较低的价值而牺牲较高的价值，而最高的价值就是人类的健康、幸福。我们的要旨是道德高于金钱，人和目的高于利润，人类繁荣高于一切。

人类所遵循的伦理道德标准会因所处环境的不同而有所不同。著名的米尔格拉姆（Milgram）关于人类服从权威人物的实验表明，当受到当权者的压力时，很多人都很愿意做出与自己良心相冲突的行为。[②]我们内心的恶魔总会在适当的时候浮出水面，即使“我们本性中善良的天使”也是如此。我们人类有能力肆意和不顾后果地进行破

---

① Jerry Zandstra，private communication.

② Stanley Milgram，“Behavioral Study of Obedience”，*Journal of Abnormal and Social Psychology* 67，no. 4（1963）：371–78. As long as a “higher up” said it was OK，people were willing to administer stronger and stronger electric shocks to real human subjects. Amazingly，50 percent of them were willing to shock subjects to death，as long as the directive to do so came from a legitimate source and absolved them of personal responsibility.

坏，也能做出非凡的、几乎是神圣的关爱与创造行为。组织和家庭都可以创造条件促进后者和压制前者，反之亦然。

为了促进人类的健康幸福，在人类活动的各个领域，各种组织必须停止把自己看作为了利用人们追求自身利益目标而设计的实体。相反，组织应该把自己视为服务的载体，应该通过服务于他们的利益相关者来照顾自己的利益，而不是设计出更加复杂的方式来操纵、管理和控制这些利益相关者。

我们看到身边支离破碎的生活和家庭，就会想："我们的年轻人到底怎么了？"这还不明显吗？我们对人不够重视，而且我们故意对自己对他们造成的影响视而不见。我们利用、虐待和降低他们的自我价值感，从而对他们所影响的所有生命造成附带损害。可以毫不夸张地说，我们允许企业的领导者只关注产品、流程和数量，这是在破坏我们的文明。他们需要关注人、使命和业绩的和谐与平衡。

如果我们适当地尊重和关心人们，企业就可以成为建设一个更美好的世界的主要载体。企业不仅仅是一台赚钱的机器，它还是一种自我表达的载体，是一种梦想和创造我们渴望的未来的载体，是一种共同完成我们无法单独完成的事情的载体，是一种为企业所影响的每一个人创造不同的非凡价值的载体。

企业是一个强大的工具，我们必须用来服务于更伟大的人类与地球繁荣的崇高事业。我们面临的最大挑战，是人们普遍接受唯利是图和漠不关心的商业方式。传奇漫画家赫伯·布洛克（Herb Block）曾经说过："最糟糕的腐败形式就是接受腐败。"人们已经变得麻木，接受了"事情就是这样"的想法。有巨大的经济诱因使得现状保持不变。我们已经把不合理、自私和不人道的行为看作可以接受的、正常的，甚至是值得称赞的。我们不是这样的，这更不是我们、我们的子孙与后代想要的。我们能够做好而且必须做得更好，这一切需要的是勇敢、开明、真正的人性领导力。

倾听内心的向导

当我与全国各地的企业领袖分享我们的领导力之旅时，我很少遇到有人认为“在组织中做好生命的管家”是不正确的领导方式。然而，大多数人认为这是一个困难的甚至是一个不可能踏上的旅程。

几年前，我在一家大型消费品公司的全球高管大会上发言。在我演讲的最后，一位男士说：“鲍勃，我完全同意你说的。但你可以建议如何让我们的企业领导者参与进来吗？如何才能让他们同意我们开始呢？”

我回答：“从什么时候开始，还需要一份来自公司的备忘录告诉你‘成为你所照顾的生命的好管家’是被允许的？”

这让我想起了《绿野仙踪》（*The Wizard of Oz*）的教训。多萝西（Dorothy）、托托（Toto）、稻草人、铁皮人和狮子沿着黄砖路寻找大巫师，巫师一定会提供每个人所缺少的东西：一条回堪萨斯的路、一个大脑、一颗心，还有勇气。他们来到神秘的魔法巫师城堡，听到他从窗帘后面发出的雷鸣般的声音。他们感到害怕，但又对于弄清楚如何最终实现他们一直在寻求的目标而感到兴奋。突然，托托从多萝西的篮子里跳了出来，拉开窗帘，露出了后面的大巫师。瞧，他只是个普通人！虽然他不是一个有魔法的巫师，但事实证明这个普通人非常聪明。他帮助多萝西和她的同伴们看到，他们一直在寻找的东西其实就在他们的内心。

现在就开始你的旅程吧。你不需要一份来自全能的公司巫师的备忘录来告诉你做正确的事情是可以的，而且电子表格也并不能告诉你如何对待他人。不需要任何行政命令，你就可以每天停下来与你组织中的某个人进行体贴的谈话。去聆听他们，让他们知道“他们在做什么”和“他们是谁”都很重要。你和你组织中的其他每个人都已经拥有了一切，开始生活在一个普遍的真理中：共情、以人为本。

后记
一切都与人有关

虽然我们发现施行真正人性领导力的道路是独一无二的，充满了对新鲜而有力的洞察的唤醒时刻，但我们也可以指出某些普遍原则，这些原则能够指导任何开始这一旅程的团队，也将在未来继续指导我们。

每个人都很重要，而且都是独一无二的。我们人类被赋予惊人的甚至是神圣的能力，每个人都具有成就伟大的潜力。维克多·弗兰克尔（Viktor Frankl）告诉我们：最终的问题不是我们对生活的期望，而是生活对我们的期望——这就是充分释放我们的潜力。作为个人和领导者，我们有责任过好自己的生活并领导他人，让非凡的行动能力、爱心和创造力能够找到快乐的表达方式。我们为人们双手的劳作付过钱，但如果我们知道如何提问，他们就会免费地把他们的头脑和心灵敞开。正如美国西南航空长期以来备受爱戴的首席执行官赫伯·凯莱赫（Herb Kelleher）所说："人是企业的关键。昨天，今天，永远。"

进化之旅总有它的目的，事情以某种方式展开也总有它的原因。拉比（Rabbi）和整合智慧哲学家马克·加夫尼（Marc Gafni）写道："宇宙正朝着爱、认同、互助和拥抱的更高层次迈进。"马丁·路德·金（Martin Luther King）认识到，"道德宇宙的弧线很长，但它向正义倾斜”。我们每个人都是通往真、善、美更伟大表现的进化之旅的载体。在人类这一集体旅程的每个阶段，我们都需要发挥自己的作用。只需要敞开我们的思想和心灵，就可以迎接这一时刻。彼得·克斯滕鲍姆（Peter Koestenbaum）说得很好：“推动我们前进的是未来，而不是过去。”整个人类在这个星球上的旅程可以被看作一个逐渐唤醒我们潜力和本性的过程。这是一段意识不断提升的旅程：更广泛的关怀范围，更深刻地认识到我们之间的相互联系和相互依赖，更敏锐地意识到对与错，更愿意为我们的行为承担责任，拒绝各种暴力，赞美我们的多样性，与自然和谐相处。我们越来越符合林肯所说的“我们本性中更好的天使”。与这一进化旅程产生共鸣的个人和组织将蓬勃发展，并使其他人也一起蓬勃发展，而那些与这一旅程不相容的人们将枯萎和消亡。

宇宙、人类和组织中最强大的力量就是关怀。首先，我们要深刻认识到，我们的言语和行为对我们有幸影响到的生命产生了影响。每一个组织都应该是为人类服务的载体，是人类体验和实践真正关怀的载体。我们通过寻找更丰富的方式来承认我们的一体性和体现我们的关怀天性，从而成长、进化并实现我们独特的使命和命运。这是没有限制的。

我们越能将工作与关怀结合起来，就越有成就感，越能更好地共同前进。弗洛伊德（Freud）说，爱和工作是人性的基石。亚当·斯密曾说过，人类有两种主要驱动力：利己主义和关爱需求。维克多·弗兰克尔写过，真正幸福的源泉是做重要的工作，无条件的爱，在逆境中成长。我们必须结束在我们存在的这两个基本方面（工作和关怀）之间人为的分离，并在我们所做的一切中表现为一个完整的人。

个人可以选择是否在一个更高的意识层面上运作，而意识的成长不是自动的。正如彼得·克斯滕鲍姆所言："我们已经达到了如此爆炸性的自由水平，因此我们可以控制自己的转变。"当我们选择发展时，我们可以塑造组织使其表现出更大的关怀。反过来，这样的组织会在它们所影响的个人中培养出更多的关怀。正如丘吉尔所说："我们塑造了建筑，而建筑反过来也塑造了我们。"

我们可以建立具有恢复力的组织，并激发其关怀。我们可以设计和领导组织，使它们与积极变革的力量保持一致，并拒绝逆行领导者让组织远离关怀的企图。有了持续的关怀领导力和明确、深入人心的价值观，组织可以形成一种"对消极变革的免疫力"，一种只有前进才有可能出现的动力。

这是一段没有终点的旅程。如果处于停滞状态，任何有机体或组织都无法保持健康。人类和组织都必须继续成长和进化，否则就会灭亡。无论我们对人性领导力的理解有多深刻，我们都必须继续深化和丰富它。

虽然这些原则具有普遍性，但每个个体和组织都必须发展出独特的表达方式，并随着时间的推移不断进化。

致 谢

来自本书作者鲍勃·查普曼

我深切地感谢百威勒过去与现在的团队成员，你们的言语、思想和行动是我们的文化复兴的灵感，也是这本书的灵感来源。我感谢你们的坦诚、奉献以及愿意让我们讲述你们的故事。谢谢你们让我认识到，我的领导方式对你们的生活方式有着深远的影响。

没有我的父亲威廉·查普曼（William Chapman），我的这段旅程不可能完成，他信任我并让我加入百威勒担任领导者。他是最早教会我宝贵经验的人之一：赢得信任始于扩大信任。

我对西蒙·斯涅克的感激之情溢于言表，他是我们的朋友、导师和合作伙伴，他不断肯定我们的要旨，坚定决心帮助我们改变世界。

特别感谢斯里库马·拉奥，他是第一个指出我们有责任与世界分享真正的人性领导力要旨的人之一。还有其他特别的支持者肯定了我们的要旨并鼓励我们分享它，他们是比尔·尤里、埃米·卡迪、查尔斯·德纳姆博士（Charles Denham）、塔沃·戈特弗雷森（Taavo Godtfredsen）、吉姆·塞尔曼（Jim Selman）、埃里克·莫特利（Eric Motley）、杰里·赞斯特拉和琳恩·特威斯特（Lynne Twist）。

通过这些特殊人士的贡献以及一路走来许多未具名的其他人，我希望有一天真正的人性领导力将成为规则而不是例外。我们珍爱的子孙后代将有机会在一个他们感到被重视、被鼓舞和被欣赏的地方分享他们的天赋。

——RHC

来自本书作者拉金德拉·西索迪亚

通过在全球觉醒商业运动中的工作，我有机会向许多优秀的公司学习和取经。我发现百威勒的独特之处在于它对人们的承诺，以及它能够为人们提供拥有安全感、意义感和成就感的环境。在极度绝望的时刻，它是希望和乐观的灯塔。

每一本书都是一个发现和成长的旅程。在撰写这本书的过程中，我们试图讲述百威勒的故事，并从中提取普遍性的经验教训，用来帮助指导各个领域的领导者创造更人性化的工作场所。对我来说，这本书拓展并丰富了我对觉醒商业四大支柱中的两大支柱的理解：第一，公司的更高使命不必局限于其产品，每一个公司都可以而且应该努力把所有员工的幸福纳入其使命；第二，领导力的影响超越了工作日和工作环境，人们工作的方式直接影响到他们的家庭和社区的幸福。百威勒的领导力和商业理念的精髓是“我们以影响人们生活的方式来衡量成功”，这是世界上每一个组织都愿意遵守的原则。

在百威勒旗下遍及许多国家的工厂里，我受到了无数人的鼓舞。要特别感谢我为写作本书而采访的人，他们慷慨地分享了他们的经验和智慧。我要特别感谢凯尔·查普曼、里奇·贝内特、塞尔吉奥·卡塞拉（Sergio Casella）、肯·科本斯、杰伊·戴茨、兰德尔·弗莱明、戴维·艾夫斯（David Ives）、史蒂夫·肯普、鲍勃·拉尼根、比尔·摩根（Bill Morgan）、卡罗尔·奥尼尔、蒂姆·沙利文和乔·威尔海姆。

我还要感谢玛丽·鲁德尔（Mary Rudder）、特雷弗·麦克杜格尔（Trevor Macdougall）和马修·怀特（Matthew Whiat），感谢他们对这个项目作出的非凡承诺和许多贡献。我也要感谢我才华横溢的女儿普丽娅（Priya）和玛雅（Maya），她们录入了大部分采访内容，并帮助我编辑。我还要感谢我的妻子沙伊里尼（Shailini），感谢她对手稿的彻底校对以及她对本书和其他书籍项目的耐心与理解。我还要感谢普伦·丹格（Puran Dang）先生对原稿的鼓励和深思熟虑的评论。

最后，我想感谢我们有幸与企鹅出版社（Penguin Portfolio）的优秀团队合作，包括我们的出版人阿德里安·扎克海姆（Adrian Zackheim）和编辑埃里克·纳尔逊（Eric Nelson）。阿德里安是百威勒故事的早期坚信者，也是正确传递要旨的不懈倡导者。埃里克在这个项目开始之际就加入了，并在本书的形成过程中发挥了巨大的作用。感谢你们与我们分享你们的才华以及对本项目的深切关心。

——RSS

百威勒从《共情：觉醒商业的管理》中获得的所有收益将捐赠给“我们的 LISTENS 社区”，这是一个致力于将强大的沟通技巧培训带给全美社区的非营利组织。